生态文明视域下运动休闲小镇的发展

王念龙 ◎著

内容简介

本书内容主要包括：特色小镇相关理论、生态文明的内涵要求、体育赛事、时尚休闲体育、解读体育小镇、运动性休闲体育项目活动及设备的选购、现代休闲体育小镇设备和设施的管理等。本书内容全面、通俗易懂，可以作为相关专业人员的参考用书。

图书在版编目（CIP）数据

生态文明视域下运动休闲小镇的发展 / 王念龙著. -- 上海：同济大学出版社，2020.6（2024.10重印）
ISBN 978-7-5608-9108-8

Ⅰ.①生… Ⅱ.①王… Ⅲ.①小城镇－休闲体育－城市建设－研究－中国 Ⅳ.①G812②F299.21

中国版本图书馆CIP数据核字(2020)第106070号

生态文明视域下运动休闲小镇的发展

王念龙 著

| 责任编辑 | 王有文 | 责任校对 | 徐春莲 | 封面设计 | 夏薇 |

出版发行　同济大学出版社　　www.tongjipress.com.cn
（上海市四平路1239号　邮编：200092　电话：021-65985622）

经　　销　全国各地新华书店
印　　刷　三河市元兴印务有限公司
开　　本　787mm×1092mm　1/16
印　　张　12.75
字　　数　180千字
版次印次　2021年6月第1版　2024年10月第2次印刷
书　　号　ISBN 978-7-5608-9108-8

定　　价：88.00元

本书若有印装质量问题　请向本社发行部调换　版权所有　侵权必究

　　我国经济发展进入新常态，国家正大力推进供给侧结构性改革，特色小镇建设作为新型城镇化建设的重要载体，成为激发区域经济内生发展的动力、促进经济转型发展的有效途径。特色小镇作为新事物，无疑是新型城镇化建设中优化产业结构、破解空间资源瓶颈的重要载体和呈现模式。

　　目前，我国已经进入全面建成小康社会的决胜阶段，全面小康社会必然伴随着大众旅游的兴起。2016年，我国国内旅游人数达44.4亿人次，人均出游率达3次，旅游成为中国老百姓的必需品。全域旅游是应对全面小康社会大众旅游规模化需求的新理念、新模式和新战略。

　　基于特色小镇的运动休闲小镇发展战略研究扶贫又是"造血式"扶贫，是物质和精神"双扶贫"。发展运动休闲小镇扩大了对贫困人口的覆盖率和扶贫的有效性；最后发展全域旅游是建设"幸福中国"的重要源泉，它扩大了老百姓的出游空间，为老百姓提供了多元化的旅游选择，大幅提升了老百姓的出游意愿、出游频率，全面提高了国民旅游福利和百姓生活的幸福指数。

集美大学/王念龙
2020年3月

目录 CONTENTS

前言 1

第1章 特色小镇相关理论 1
1.1 特色小镇的内涵 1
1.2 特色小镇的起源 3
1.3 特色小镇的特征 6
1.4 特色小镇的功能 12
1.5 特色小镇的作用 14
1.6 特色小镇的类型 17
1.7 特色小镇的发展路径 27
1.8 特色小镇发展模式 37

第2章 生态文明的内涵要求 49
2.1 生态文明建设提出的背景 49
2.2 生态文明建设的内涵要求 55
2.3 我国生态文明建设的意义及举措 59

第3章 体育赛事 68
3.1 体育赛事的概念 68
3.2 体育赛事的分类与特点 69
3.3 体育赛事的营销策略 73

第4章 时尚休闲体育 82
4.1 冰雪休闲产业 82

4.2 滨海体育休闲产业 97
4.3 垂钓休闲 113

第5章 解读体育小镇 120
5.1 体育小镇概念及政策 120
5.2 体育小镇类型及发展 124
5.3 体育小镇发展趋势 127
5.4 2020年体育小镇前景预测及特色 129
5.5 国内外体育特色小镇典型案例 131
5.6 政策助推，特色小镇应运而生 138
5.7 小镇开发别走弯路 140

第6章 运动性休闲体育项目活动及设备的选购 141
6.1 戏水运动 141
6.2 球类运动 145
6.3 现代休闲体育设备的选购 154

第7章 现代休闲体育小镇设备和设施的管理 163
7.1 现代休闲体育小镇设备和设施管理概述 163
7.2 现代休闲体育小镇设备和设施的维护与保养 173
7.3 现代休闲体育小镇设备和设施的修理 185

参考文献 197

第1章 特色小镇相关理论

1.1 特色小镇的内涵

特色小镇是相对独立于城市地区、具有明确产业定位、文化内涵、旅游功能和社区特征的发展空间载体,是实现生产、生活、生态融合的未来城市发展方向。它既有特色产业,又是一个宜居宜业的大社区;既有现代化的办公环境,又有宜人的自然生态环境、丰富的人性化交流空间和高品质的公共化服务设施。它是地区发展过程中具有某类特色元素的聚集区(或居民点),试图用最小的空间资源达到生产力的最优化布局;是一个"产、城、人、文"四位一体、有机结合的功能平台,也是融合产业功能、文化功能、旅游功能和社区功能的城镇地区。在这样的地区,产业是支柱,文化是内核,旅游是生活,社区是归属。

特色小城在管理方面是指以建制镇的行政区划单元为基础,进行新型城镇化探索的一种特殊的空间。一般来说,特色小镇是小城镇的核心聚焦区,小城镇的其他地区是特色小镇的腹地。城镇化的具体实施进程是以特色小镇为起点,逐步向外推进,最终促使整个建制镇地区实现美丽小城镇的发展目标。

特色小镇是指在特定空间上形成的聚焦区(或聚集点),其产业(产品或服务)在一定地区范围内有很高的知名度,居民生活和社区组织有自身独特的运行体系。其发展依赖的资源基于本地,资本却可以来自区外的任何一个地方;区位条件基于本地,服务可以远至区外;居民包括本地居民与游客以及生产者和投资者。政府通过培育特色小镇，聚集人才、技术和资本等生产要素，推进产业集聚、产业创新和产业升级，实现"小空间大集聚、小平台大产业、小载体大创新"，从而形成新的经济增长点。

一般来说，城镇的发展主要通过城镇化过程实现，是一个相对自然和自发的过程。但由于各国的政治体制和管理制度不同，在引导城镇发展过程中，政府与市场关系有诸多差异。因此，特色小镇既可以是地区居民自发行动，共同朝着一个目标努力而形成的具有他们自由意愿的特色城镇，也可以是在政府主导下有意识、有目标、有计划地推动的城镇化进程。前者主要在欧美国家基层民主基础上进行，我国的"特色小镇"建设无疑更接近后一种情形。

国外的建制镇是根据人口在特定空间的密集程度而设立的，只要人口在这个空间共同居住、使用和享受相似的公共服务，这个地方就可以设立为镇。如果一个建制镇的产业和服务业以及其运行体系具有上述特色小镇的融合性和独特性特征，那么，它就是一个特色小镇。因而，一个特色小镇就是一个建制镇，而且其管理机构也与任何规模的城市平级，同属于地方政府。

我国城镇的行政体系包括了直辖市、副省级城市、地级城市、县级城市、建制镇五个级别。建制镇又分县城所在地和独立镇，仅是最低一级的行政区划单元，而不是真正意义上的聚集区；而特色小镇却是建制镇或城市行政区的核心聚集区。因此，特色小镇地处城市的行政区或是乡村(县)的行政区，可以是城市行政区范围内相对独立的区块或街区，也可以是城市郊区某个区(县)的乡镇内的聚集区，还可以是边远农村乡镇内的聚集中心；可以是一个村落、一个园区的核心部分，也可以是一个独立性的特殊地区，其部分城市功能可以与所在的行政中心共享。特色小镇仅是建制镇内的一个特殊集聚中心，核心区规模一般是3~5平方公里，周边区域大致在10平方公里范围内。其中，发达地区的特色小镇人口可以为3万~5万人，总人口不超过10万人；而多数发达地区的建制镇人口都超过了10万人，面积也远大于10平方公里。因此，其核心区面积和人口都小于一个建制镇，往往属于乡镇所在地的一个特殊空间范围，这个特殊区域是该行政镇的中心地区或具有特色文化、特色产业、特色服务业、特色景点的一个聚集中心。但是，由于我国经济社会等各种管理以及生产单位和社会单元都是以行政区划进行的，特色小镇虽然与行政建制镇不完全重合，却是以建制镇为单元实施管理和建设的，因而各种经济和社会行为往往需要落实在建制镇的行政级别上，尤其是政府的管理行为。

新一轮的特色小镇非行政概念，不是行政区划单位的建制镇，也不是产业园区，更不是工业生产和旅游区等产业功能区或产业园、旅游景点和文化设施的叠加，而是具有明确产业定位、文化内涵、旅游资源和一定社会功能的聚集发展平台，是产业发展载体，是同业企业协同创新、合作共赢的企业社区，是企业为主体、市场化运作、空间边界明确的创新创业空间。例如浙江杭州市西湖区云栖小镇是因阿里云开发者和云栖大会在此召开而形成的，是以云计算为核心、云计算大数据和智能硬件产业为特点的特殊聚集中心；美妆小镇位于浙江省湖州市吴兴区埭溪镇的化妆品生产基地，是一个围绕着化妆品的全产业链，包含设计、研发、生产、包装等环节的核心聚集区，随着各种项目的扩建和完善，其范围逐渐向全镇扩大；一些以自然风景和文物古迹旅游而形成的小镇其核心地区也仅是景点及其周围部分区域，而不是建制镇。

1.2 特色小镇的起源

特色小镇于2015—2016年成为国家层面和地方层面以及学界关注的热点，其实由来已久，古代的人口和商业聚集中心本身就是特色小镇。这是因为古代小镇都体现了当地民俗和生活风格，是地方产业、商业和文化的中心，从今天的角度来看，过去的城池基本都可以称为特色小镇，真正与城市发展结合，是从新中国成立之初对"梁陈方案"(建筑学家梁思成和陈占祥为保护北京古城而提出的《关于中央人民政府行政中心区位置的建议》)的争论开始，后来在城市规划界也一直存在城市历史建筑保护方面的不同观点。真正探索城市经济和社会发展的特色小镇，始自20世纪80年代费孝通先生的《小城镇，大问题》报告。于是，自20世纪90年代开始，学界和地方政府开始了对城市特色的认识，包括文化特色、民族特色、古镇特色、产业特色、空间特色等全方位的内容。产业界使用特色小镇主要指房地产开发中的特色小区建设和文化旅游业发展。真正作为政府指导工作的文件最早始于 1996 年中共昆山市委、市政府的小城镇建设经验。随后，尤其是"十二五"期间，各地政府分别在生态城市建设和小城镇建设等方面不断提到各具特色的小城镇。但是，以上内容主要以建制镇的行政边界为基础，来讨论城镇化进程中最低级别行政区的发展。如北京市于 2011 年设立 100 亿元的小城镇发展基金，引导 42 个特色小城镇建设；天津市在"十二五"期间重点建设了周边 50 个小镇；黑龙江省首先在哈尔滨市开始了六类 21 个特色小城镇建设；同期，云南省安排专项资金重点扶持和鼓励社会投资参与包括现代农业型、旅游型、商贸型和边境口岸四类 210 个特色小城镇建设；江西省以南昌市为开端，分批分期建设包括历史文化名镇、旅游休闲名镇和都市现代农业休闲观光名镇三类 17 个不同类型的特色小城镇；安徽省的目标是力争打造 200 个特色小城镇。事实上，这些城镇在经过五年建设后多数成了著名的旅游城镇和全国的重点镇。真正突破行政界线而探索其聚焦功能的始自浙江省为解决"块状"经济出现的缺乏创新、产业低端、资源利用粗放等问题带来的后续发展乏力而提出的，代表了新型城镇化改革方向的特色小镇。因此，从其发展脉络来看，特色小镇实则是我国重点镇的延续，只是强调的内容、空间界定和功能以及作用，随着新时期城镇化的需要而发生了一些改变。

为贯彻党中央、国务院关于推进特色小镇、小城镇建设的精神，贯彻落实《国民经济和社会发展第十三个五年规划纲要》中关于加快发展特色小镇的要求，2016 年，《国务院关于深入推进新型城镇化建设的若干意见》中明确指出，要加快培育中小城市和特色小城镇。国家发展改革委、住建部、财政部三部委对全国各地推荐特色小镇提出了明确要求，计划到 2020 年培育 1 000 个各具特色的小镇，引领带动全国小城镇建设，不断提高小城镇建设水平和发展质量。2016 年 10 月 13 日，住建部公布中国特色小镇第一批名单。

与此同时，2016 年，各地相继将特色小镇建设作为新型城镇化的主要工作，纷纷推出重大举措，推动特色小镇建设。河北省委、河北省人民政府出台《关于建设特色小镇的指导意见》，计划每个小镇投资 20 亿元，力争通过 3 年至 5 年的努力，培育建设 100 个产业特色鲜明、人文气息浓厚、生态环境优美、多功能叠加融合、体制机制灵活的特色小镇。北京设立 100 亿元的小城镇发展基金，该基金主要由市政府、国开金融有限责任公司以及其他央企、京企、民企、社保基金、海外资金等共同出资。北京市政府分两个阶段，力争在 10 年内把 42 个重点小城镇打造成旅游休闲、商务会议、园区经济等五类特色小镇。山东省推出创建特色小镇实施方案，计划投资 6 亿元，到 2020 年，创建百余个产业上"特而强"、机制上"新而活"、功能上"聚而和"、形态上"精而美"的特色小镇，这些小镇将成为创新创业高地、产业投资洼地、休闲养生福地、观光旅游胜地，打造区域经济新的增长极。

安徽省住房和城乡建设厅、安徽省发展改革委员会、安徽省财政厅三部门发文要求加强特色风貌设计和建设、培育特色小镇。福建省人民政府《关于开展特色小镇规划建设的指导意见》中，要求在特色为本、产业为根、精致宜居、双创载体、项目带动、企业主体的基础上，通过提供要素保障、资金支持、人才扶持、改革创新等途径，创建一批特色小镇。甘肃省政府在《关于推进特色小镇建设的指导意见》中，通过四个阶段，建设 18 个绿色低碳、生态良好、风貌优美、功能完善、产业集聚、特色分明、机制高效、体制创新的特色小镇。广州市将通过《广州市美丽乡村建设三年行动计划》，建设一批产业特色鲜明、人文气息浓厚、生态环境优美的特色小镇：争取 2020 年前建成 30 个以上特色鲜明、产城融合、惠及群众的特色小镇。贵州省从 2015 年开始，以改革为动力、以项目为载体、以产业为支撑、以绿色为亮点，全力打造以城乡统筹的融合点为核心的示范小城镇，目前，45 个小镇已被列入全国宜居小镇名单。江苏省政府在《关于进一步加强城市规划建设管理工作的实施意见》中，强调实施特色小镇培育与小城镇建设、整治行动，推动小城镇多元特色发展。四川省将以深化"百镇建设行动"为主线，培育创建省级特色小镇。天津市制定了特色小镇规划建设工作推动方案，到 2020 年，将创建 10 个市级实力小镇、20 个市级特色小镇，在现代产业、民俗文化、生态旅游、商业贸易、自主创新等方面竞相展现各地特色，建设成"一镇一韵""一镇一品""一镇一特色"的花园小镇、实力小镇和特色小镇。可见，特色小镇已经成为各级政府关注和建设的重点，也成为新的经济增长点和新型城镇化的实验基地。

1.3 特色小镇的特征

特色小镇必须有突出的发展主题，需要运用各种政策工具对符合这个主题的资源和要素进行空间重组，是对新型城镇化道路进行探索与实践，体现个性化、主题化、文化创意特色化的地方发展道路。从内涵特征来看，体现产业"特而强"、功能"聚而和"、形态"精而美"、机制"新而活"的特征。

1.3.1 产业发展环境为核心

与以往划地为界的小镇建设不同，特色小镇的核心是产业。按照产业发展的空间规律，产业的竞争力主要是基于地区比较优势，将产业链以及相关服务机构和服务行业在一个具有相对比较优势的地区进行整合，充分利用各种渠道来筹集设备和技术，通过特殊的自然、人文以及公共服务环境，吸引人才、整合资源。在产业集群化的基础上，进一步将专业化资产变为通用资产，提高可交易性。与此同时，强化产业集群网络，形成产业链中特殊环节的资源整合价值，并强调这个特殊环节的横向扩展而非纵向延伸或规模扩大。因此，特色小镇的产业竞争力提升，需要以企业为主体，通过聚集效应实现资源整合、项目组合和产城融合，打造文化培育、社区建设等平台。这个平台通过为企业提供创业创新环境，所需办公场所及必要的公共设施、实验室、图书馆，以及为从业人员提供舒适、惬意的休闲和人居环境，降低企业成本和提高劳动生产率；同时，采用空间规划和服务引导等措施，如改善交通、鼓励商业和商务等多项城市服务业，使各种优质要素在小镇聚集；并通过城镇的聚集功能，支持企业、社会组织、从业者等充分参与生产和建设，使之成为同业企业协同创新、合作共赢的企业社区，以及以企业为主体、市场化运作、空间边界明确的创新创业空间。因此，以产业为核心是特色小镇的重要基础，是良好的产业生态系统，是嵌入特定区域及其历史人文背景下的"产业生态位"。这些产业聚集形成的区位共生特征，也是特色小镇核心竞争力得以持续提升的关键，而不是以往产业园开发模式中，企业仅在特定空间的地理集中。

1.3.2 位置和空间优化

特色小镇是一个对地理区位非常敏感的特殊空间聚集体，不但需要这个空间内部有符合条件的资源和要素，还需要周边的相邻空间或更大尺度的地区范围内有资源和要素的相互联系与配合，因此，需要进行位置选择。当然，不同类型的小镇对区位条件和要素的要求存在差异。

在位置选择上，城市和乡村地区都可以出现特色小镇。在城市地区的特色小镇主要位于中心城市外围地区，与中心城市有一定绿地或农村隔离，呈相对独立的空间，以便远离外界干扰，保持一定的私密性与安全性；同时，交通方便，尤其是与中心城市可达性好，可以实现与高端接轨。因此，特色小镇往往在城乡接合部或大城市腹地，而不是在远离城市的偏远之地。另外，这样的选址和规模，有利于承接政府绿色发展财政补贴，贯彻和实施节能减排措施，为环境友好型发展提供经验。虽然有些村镇具有特色产业基础，且有产业转型升级的集聚效应，但在交通、信息等方面较落后，不宜进行特色小镇建设。

在偏远落后地区或乡村，特色小镇往往选择在区位条件好(比如交通发达可以使小镇与外界的经济中心紧密连接)、自然资源丰富、人文底蕴深厚、有发展潜力的地区，如云南斗南花卉城、贵州茅台镇等。现有的西部地区和一些落后地区的特色经济带，可以是特色小镇成长的基础，但尚不具备交通和发展潜力等主要条件。

特色小镇的空间特征不同于大城市的新城建设和园区建设，是独立行政单元内的特殊区域。特色小镇作为重点发展地区的核心聚集区，在空间布局上要集中连片，规划面积一般控制在 3 平方公里左右，建设面积控制在 1 平方公里左右，其中建设面积不能超出规划面积的 50%。外形设计上要从小镇功能的定位出发，强化建筑风格的个性特点，并把视角从建筑单体转移到整个城镇，从建筑和城镇设计的各个细节上，系统规划品牌打造、市场营销和形象塑造，让传统与现代、历史与时尚、自然与人文完美结合，把新的和旧的、现代的和传统的、地方的和世界的、私人的和公众的都包容进去，寻求把过去的与未来的统一在现在之中，并产生对话。总之，小镇的城市设计代表着未来城市的形态之美，是一个将独特的自然风光之美、错落的空间结构之美、多元的功能融合之美和深厚积淀的历史人文之美有机结合的整体空间。

另外，特色小镇作为特色小城镇行政单元内的一部分，是能代表这个建制镇经济特色和文化聚集力的聚集核心，其外围有一定的腹地，这个腹地可以是所在的建制镇，也可以是周围相邻行政单元区域。这个聚集小镇不仅是指规划中的连片区域，它还需要与周围腹地一起共同组成一个城镇与腹地在经济上相互融合、产业上相互衔接、景观上相互协调、文化上相统一的共同体，能成为既能代表当地特色，又能辐射和影响当地发展的核心地区，成为"核心—腹地"双层结构(图1-1)。

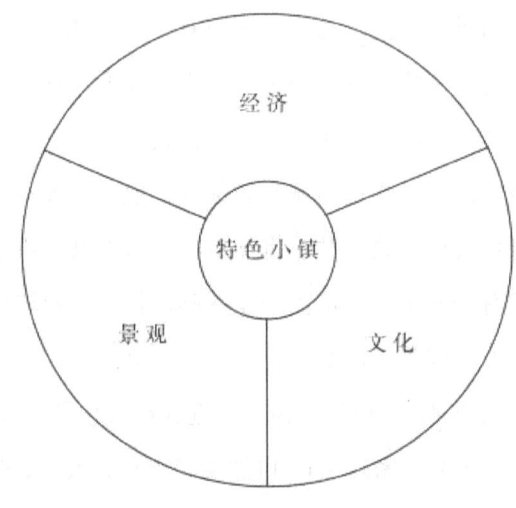

图 1-1 特色小镇空间的双重结构

如图 1-1 显示，特色小镇尽管是指聚集核心区，但其发展却离不开腹地，没有腹地，就不会有聚集中心；同时，有什么样的腹地，就有什么样的小镇。这种双层结构反映了作为聚集中心的小镇核心与腹地是一种经济共同体关系，而不是经济上孤立、产业上割裂、文化上隔离、景观上突兀于周围腹地的特殊地区。如浙江黄岩模具小镇是在黄岩地区模具产业集群发展起来的，小镇范围内有模具工业企业、研发中心、民宿、超市、银行、主题公园等多种业态，产业功能完备、设施齐全，呈现出五脏俱全的城镇功能。杭州梦想小镇采取有核心、无边界的建设理念，通过修筑绿网、水网、路网等设施，在街区之间，以及街区与小镇外围地区之间建立了网络状联系，使仓前地区新老空间得到了统一。

从空间形态来看，由于受地区发展程度、地形等自然条件所限，聚集区既有单核结构，也有多核结构，多个核心聚集区就成为特色小镇群(图1-2)。

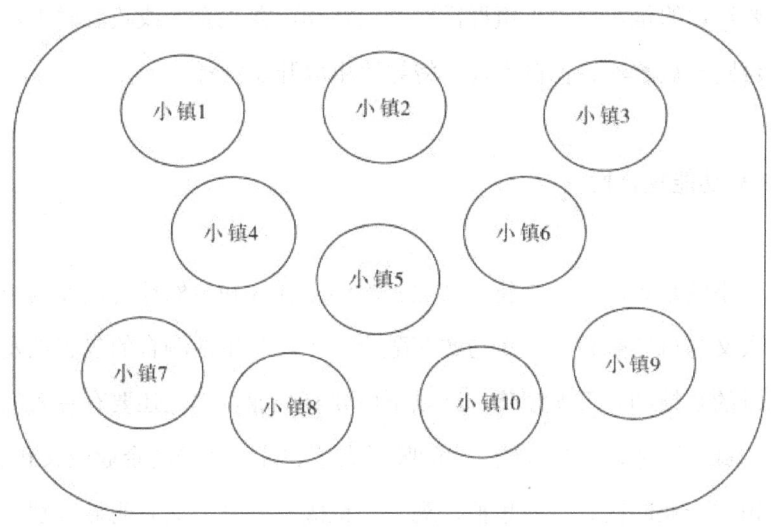

图 1-2 基于多核心的特色小镇群

一般来说，腹地规模较小的小镇往往呈现单核模式；腹地规模大，涉及多个行政单元的呈多核分布。如美国旧金山北部的钠帕谷是由分布在该谷地的数个村庄以酿酒为特长而形成的数十个特色酒庄小镇群；旧金山南部的硅谷则是由 35 个创新小城镇群组成；云南临沧鲁史镇则由于地形所限，小镇呈小镇群镶嵌在周围山沟之中。从对外竞争力来看，多核特色小镇群远胜过单核特色小镇。四川西部甘孜藏族自治州内的大理、康定、亚丁、稻城、色达，以及云南的香格里拉，均处于青藏高原西缘，景色宜人、藏寨风格独特，但景观和地域特征相似，以旅游为开端基本形成了旅游型特色小镇群的雏形。贵州省黄平县的旧州镇在打造文化生态旅游古镇时，采用了"1+N"镇村联动发展模式，建成了珠串型小镇，以安顺中心城区的屯堡大道为主线，改造提升区内路网和对外通道，把周边的双堡、七眼桥、大西桥和刘官、黄腊等乡镇串联起来，形成具有辐射带动作用的城镇集群并构建了"以镇带村、以村促镇、镇村融合"的联动发展模式。

河北省馆陶县，以县城为中心，依托已建成的特色小镇，试点推进"一镇三社区"的万人粮画小镇，"一镇四社区"的羊洋花木小镇、黄瓜小镇、"八村联建"的黄梨小镇。这些小镇全部以本地农产品为主，带动了周边村镇，实现了"共扬小镇文化、共创主导产业、共享基础服务"，形成了多区联动的城乡一体化发展新格局。

需要注意的是，这类小镇群需要统一行动，龙头企业或政府联手对资源进行整合，否则一盘散沙、各自为政，将导致粗放开发资源。

1.3.3 功能复合性

特色小镇是集产业、创新、文化、旅游、社区和自然环境建设为一体的产城融合、人文与自然融合、创新与传统融合、生产与生活融合的包容性发展空间载体。其目的是推动新型城镇化，所以不但要有产业基础，还要有宜人的居住环境和完善的城市服务，只有这样，才能吸引人才居住，并带动企业成长和创新创业。特色小镇与产业园区、产业集群、观光小镇既有联系，又有明显区别，它突破了纯粹的行政区划与园区空间限制，可以在不受行政范围限制和不受园区政策限制的条件下，仅针对市场形成的聚集区和产业生态系统，将传统产业与现代产业以及信息化高度融合，如淘宝镇等。特色小镇是生产与生活的有机融合，是本地居民与外来人口的良性互动，集产业培育功能、生态居住功能和旅游度假功能为一体，是"产、城、人、文"四位一体的新型社区，更是一个多功能复合的创新空间。在其初期阶段，功能较为单一，但是，经过各种要素的配合与产业的融合，成熟阶段的特色小镇可以实现多功能融合，如目前很多以特色产业为特征的小镇都已经兼具了旅游特征。

1.3.4 历史传承性

作为城镇化的示范地区，特色小镇的首要任务是保持该地居民和村镇发展的历史传承性。小镇需要建立在一定的历史积淀和丰厚的文化底蕴基础之上，只有充分发挥各个地区、各种文化、各类人群的多样性和他们各自的特性，才能体现其特色，而不是复制或臆造出与本地无关或没有继承性的"特色"。此外，特色小镇还需要充分利用历史资源增强企业与镇民的文化认同感和心灵归属感，也可以使所在企业增值；将地方文化融入特色小镇建设中，尤其是，在历史传承性方面，特色小镇应努力保留原有生活形态和"一方水土养一方人"的居民生活和生产方式，充分体现当地"天人合一"的思想，并通过判断认识历史遗产的有形和无形价值上，实现各种历史资源的区域综合价值，而不是停留在单一文物古迹和景点的旅游价值上。只有充分建立地方发展演化轨迹上的小镇，才能使特色具有地域根植性。

1.3.5 居民多样性

小镇中的常驻人员主要包括生产过程中的从业人员。尽管有些创新小镇中以高智力者、高技能者为主，但也离不开当地居民的广泛参与，以及在借用外界资本和资源过程中的投资者，另外还有各地的游客等。因此，特色小镇居民具有来源复杂，文化多元化，居民多样性的特点。特色小镇有着区别于城市独特风格，企业和镇民会因此而自豪和珍惜小镇。作为地域性社会生活共同体的社区和多元化人口工作生活栖息的舞台和家园，小镇建设时刻要以多样性的人本需求为目标，强化各种人群的地域认同感和文化认知感，朝着生活舒适，更有质量和更人性化的方式努力，形成独具个性的生活形态，而不应该仅以游客为中心，忽略当地居民和生产发展。

比如，有一些小镇为了建设古镇和开发古镇旅游项目，将原有居民赶出核心区，然后重新修建古镇。

1.3.6 治理创新性

特色小镇是一个超越综合配套改革试验区的特殊区域，需要在基层治理上经营创新实验，并将成为我国城镇化改革的突破口。加之，目前我国的基层政府管理薄弱，水平低，现有的专业小镇、产业园区、中心镇的管理渠道多不健全。国际经验表明，社区治理水平的高低在很大程度上将决定特色小镇能否成功及其渴望达到的成功水平。因此，特色小镇需要建立一套自由运行的社区体系，探索一种日常管理与服务事务由镇民选举的自治性组织，镇政府和管委会则主要负责行政管理和外围环境配套，增强社区自治与自我服务能力。以共同治理为理念，转换政府的角色关系，成为平衡利益关系的调节者而不是矛盾的制造者。使作为"经济发展之主体"的企业和作为美好环境和生活创造者的居民都成为生活共同体的利益维护者，共同创造良好的氛围。在此基础上，探索以PPP为框架的多元化的投融资和一揽子的城镇运营模式。

1.4 特色小镇的功能

在城市与乡村之间建设特色小镇，实现生产、生活和生态融合，是强化生产与生活功能配套又实现自然环境美化的有效途径，是中国城镇化转型的具体措施，也符合现代都市人的生产和生活追求。因此，特色小镇在城镇化过程中，对于大城市和乡村，本土发展与外部力量，内发型与外向型发展方式，都承担着承上启下和内联外通的节点作用。

1.4.1 大城市疏解功能

大城市病日益严重，导致大城市的各项事业发展都受到了限制。疏解大城市功能，使之向周边地区扩散正在成为我国大城市可持续发展的重要举措。但是，在经过了卫星城、产业开发区和新城建设等一系列疏散措施后，这些问题并未得到根本解决，反而使城市"摊大饼"的局面越演越烈。

在卫星城建设阶段，一方面，新的卫星城大都选在紧邻中心城市的周边一带，所以，设有隔离带使卫星城保持相对独立的空间；另一方面，卫星城与中心城市仍然在同一个行政单元内，没有相对独立的公共服务体系，难以形成相对独立的聚集中心。如自20世纪50年代开始一直到90年代，北京市明确提出要在通州、亦庄、黄村、良乡、房山(含燕山)、长辛店、门城、沙河、昌平(含南口、捻头)、延庆、怀柔(含桥梓、庙城)、密云、平谷和顺义(含牛栏山、马坡)等远郊区建设14个卫星城。2001年，《北京市"十五"时期城市化发展规划》对北京市14个卫星城的功能定位及发展方向提出了具体要求，强调卫星城的发展要为分担市区功能和带动本地区经济社会发展服务，并选择了区位条件相对优越、经济发展基础较好的通州、昌平、亦庄、黄村、良乡、顺义6个卫星城进行重点开发建设。

但由于没有明确的功能，不能有效吸引市区人口，以及卫星城发展过于滞后，交通等基础设施不完善，缺乏公共服务，这些卫星城并没有真正起到疏解城市功能的作用。

在城市新城建设过程中，我国70个大中城市中有34座已经、正在或计划搬迁；搬迁的距离也在逐渐拉大，2005年之前大都在10公里以内，之后大都超过了10公里。北京市2004年总体规划构想中的"两轴—两带—多中心"新城建设，更是分散中心城市功能的具体举措。但是，大城市病的问题依然没有得到有效控制，除了上述卫星城没有成功的原因依然存在以外，主要还在于这些规划中的新区都没有摆脱行政单元的束缚，都设想在一个行政中心构建多个聚集中心。由于基础设施和公共服务是政府的主要职能，是实现城市聚集的先导条件，所以，这些设想完全违背了以基础设施和公共服务为先导的城市聚集的基本规律。发达国家行政中心与聚集中心重合的经验说明，"一城一中心"原则是城市聚集形成和发展的基本原则，在行政资源强的中国，城镇化更应遵循这一原则。

特色小镇试图通过空间与大城市地区相对独立，并与行政单元有错位的聚集中心，为基层摆脱行政单元束缚、实行创新性的基层自治提供条件，为聚集中心脱离行政中心开启可以探索的窗口。通过这个特殊的聚集中心，特色小镇进行创新实验，可以更灵活地采用公私合作伙伴(Public—Private Partnership，PPP)模式建设基础设施和完善公共服务，以此来实现卫星城和新区不能实现的城市功能转移。

1.4.2 小城镇的升级功能

由前所述，我国城镇化的障碍之一就是乡镇发展滞后。小镇发展薄弱一直是我国城镇化发展的短板，并且制约着城镇的发育和城镇化的整体进程，也成为大城市市民化程度低，城镇化质量不高的原因之一。除了长期以来的城乡分治以外，在一个地域多样性、地区差距巨大的环境下全面提升乡镇地区发展能力在整体层面上收效甚微,特色小镇可以选择条件好的地区,借助外部资本和技术等力量,为企业提供创新创业环境,为居民提供舒适、惬意的休闲和人居环境,为地区发展提供交通设施和公共服务,并依赖周边大城市的人流和信息资源,先于其他城镇在环境友好、绿色发展、产业融合、聚力创新等方面得到发展,并探索城市化发展的创新经验。与此同时,与美丽乡村建设相结合,分别对自上而下和自下而上的发展道路进行取长补短,从地方发展角度推动城镇化催生基层发展能力,补充城市化过程中底层发展不足的短板。

1.4.3 聚集创新功能

作为经济发展的新平台,特色小镇的目的是推进产业转型升级,而转型升级的基础是技术创新,技术创新的关键是人才。特色小镇需要在已有产业和生活方式的基础上,建设宜人的居住环境,吸收科技人才与其他人才入住,通过内外部力量的结合,带动地方的创新与创业。韩国和日本等一些亚洲发达地区和国家在城镇化成熟后,很多乡村地区采用营造宜人环境和良好创新氛围,吸引年轻人回乡创业,并取得了显著成效。所以,特色小镇首先要发挥自然环境优势,建设相当于或好于大城市的人文环境,完善基础设施和公共服务,通过良好环境和自由的创新氛围,吸引人才、资本与企业;注重宜居、宜产与宜创的融合,为人才集聚、创新创业提供新的平台;通过城市人才与技术的植入,促进小镇产业的转型升级,使之成为我国经济可持续发展的新功能。

1.5 特色小镇的作用

特色小镇是通过要素的空间最优化配置,破解城镇化过程中大城市与小镇脱节、需求与供给脱节、发展与保护脱节、土地城镇化与人口城镇化和市民化脱节等难题。

1.5.1 整合资源

随着城镇化进入成熟期,一些城市面临产业转型而进入衰退期,目前我国约有150座资源型城市面临产业转型。同时,很多城市已有的开发区(工业园区)、新区(新城)以及产业聚集建设都因功能单一等原因而不同程度地存在资源浪费、土地扩张过快等问题,需要进行资源整合。但城市往往因为面积广、人口多、市场和行政事务复杂,部门协调难度大,资源整合工作尚无明确头绪。

特色小镇可以将产业发展、城市建设与管理等融为一体,通过专业的城市运营,建设城市运营商务平台,对城市进行修复,即城市空间修复、生态修复、产业升级修复。通过在特定地区重新审视已有产业政策和土地开发政策,特色小镇将开发区和新区建设政策与经验融入地方发展实践中,选择合适的地点,以城市共同体的方式对这些政策进行空间整合,从而为新兴产业与传统产业对接、制造业与服务业对接、市场要素与政府服务对接、自然与人文对接、生产与生活对接、地方发展与外部资本对接、产业与人才对接、实业与商务服务对接、旅游开发与地方发展对接,提供平台和新的增长空间。

1.5.2 增加有效供给

我国经济面临的巨大瓶颈是有效供给不足带来的产能过剩,供给侧改革的主要目标就是通过对劳动力、土地、资本和创新这四大要素的提升,调整经济结构,使要素实现最优配置,从而提高经济增长的质量和数量。

但是,由于传统产业规模小、风险大,或者项目分散、发展粗放、标准低,在接续新兴产业过程中,改造升级过程所需要的劳动力、土地、资本及创新要素难以得到满足。此外,缺少有能力的劳动力、充裕的资本和创新要素分布分散(即需求和供给存在空间错配),这都不利于进行供给侧改革。如浙江省有大量传统制造业,绍兴纺织、大唐袜业、嵊州领带、海宁皮革等都曾是浙江省的产业支柱,并名噪一时。但由于这些传统制造业仍停留在"块状"经济状态,缺乏创新、产业低端、资源利用粗放,一直未能从"微笑曲线"底端走出来,导致产业转型升级滞后于市场升级和消费升级，从而导致有效供给不足和消费需求外溢。

特色小镇可以选择最有基础、最有特色、最具潜力的主导产业，按照产业生态的竞争规律，在符合条件的地区，通过在产业链的某个优势环节构建复杂的横向联系网络，用特殊区域价值吸引人才、技术和资金，扩大有效投资，增强发展的传承性，使具有区域比较优势的各种资源和要素在特殊空间进行重组，对符合未来发展方向的产业要素进行高端聚合，创建有竞争力的产业生态系统，提升产品质量。

1.5.3 搭建城乡一体化桥梁

城乡一体化发展的短板是小城镇和乡村发展过于滞后，尤其是小城镇产业空心化导致大量人口流向发达的大城市地区。事实上，根据梯度推移原理，我国东部发达地区尤其是发达的城市地区在经过了30年高速增长后，产业向中西部地区转移的现象也已进行了若干年。目前中西部的大城市地区也相继出现了土地和劳动力成本高的难题。与此同时，广大的乡村地区(包括乡村城镇)却由于人才等优势要素严重缺乏，发展梯度过低而不能承接需要转移的产业，甚至处于首都经济圈的河北广大地区在承接北京产业转移过程中都面临诸多困难。这说明，一方面，乡村地区仍有很大的发展空间，另一方面，需要增强其承接产业转移的能力。

特色小镇一般地处城乡接合部，是在接近乡村的地区所选择的聚集中心。特色小镇应充分利用这个地区的区位条件、自然资源、土地等，通过有重点地进行基础设施建设和完善公共服务，探索一种新型的社区治理模式和发展路径，创造环境友好、具有文化特征和历史传承性的创新氛围，从而吸引人才、技术和资金，在发展落后的乡村地区首先打造出一片"高地"，将承接产业转移和改造传统产业相结合，最终实现"村镇如城市、城镇是乡村"的完美融合。特色小镇首先应实现居民基本权益平等化、城乡要素配置合理化，从而为城乡一体化开辟道路。

1.6 特色小镇的类型

拥有一个特色鲜明、内容突出的发展主题是特色小镇的主要特征之一。同时，特色小镇的目标又是融合发展，因此，无论当初是因为哪种因素成长起来，成熟的小镇都具有旅游、休闲和创新功能，因此成为复合功能型小镇。这里对其类型进行划分，目的主要在于理解各小镇的成长因素及其内在的特质，尤其是对处于初期阶段的小镇有一个更明确的认识，而不在于其最终的功能。

目前对于特色小镇的类型划分很不统一，很多是按照产业或行业划分，但在产业小镇内部，还可以根据其产业所属行业，分为农产品型、制造业型、服务业型；在服务业内部又可分为金融型、创意产业型。随着服务业等新行业的不断出现，比如健康产业等，还会不断产生新类型的特色小镇。因此，如果按照行业划分又会陷入传统的专业化分工的模式，难以突出小镇的地区发展特色。随着特色小镇逐渐进入成熟期，各种行业之间将有很大程度的融合，如农业与旅游融合、制造业与农业融合、制造业与创意融合，甚至农业、制造业、旅游、创意都可以融合在一个特色小镇中，这样就很难从行业角度进行划分了。由于不同主题需要的要素和成长路径各异，为了了解每种小镇的成长因素和发展路径，以及将来的发展方向和潜力，我们根据其发展主题和成长规律，将小镇划分为旅游、产业、事件、科教、创新空间等不同的类型，以便有针对性地了解其发展规律和存在的问题，总结发展模式和运行机制，寻找共同治理的解决办法。

1.6.1 旅游型特色小镇

一般来说，旅游业的发展可以分为三个阶段：人均 GDP 达到 1 000 美元，主要属于观光旅游，经济型，消费保守，旅游层次较低；人均 GDP 达到 2 000 美元后，开始向休闲旅游转化，旅游消费进入快速增长期；人均 GDP 达到 3 000 美元，转向度假旅游，旅游消费与中等收入阶层消费能力匹配；人均 GDP 达到 5 000 美元，开始进入成熟的度假经济时期，旅游集娱乐、度假和体验为一体，向纵深发展。2015年底,我国人均GDP超过8 000美元,进入旅游业发展的高级阶段。旅游业不仅规模巨大、增长快,而且游客对旅游产品的要求更高,尤其更注重旅游的地点、自然环境和人文环境、历史底蕴和文化内涵,属于体验式消费。旅游型特色小镇正迎合了居民收入水平提高后的这种高层次的旅游需求,是针对成熟期的旅游业发展需求而开发、建设、服务和管理的体验型与综合型服务的城镇。

根据小镇依赖的旅游资源,还可以将旅游型小镇划分为自然资源型和历史文化型。由于目前特色小镇形成的历史短、数量少,故本书还没有进行亚类划分。

1.旅游特色小镇与旅游景点的区别

一般认为,旅游小镇是指以开发当地具有旅游价值的自然或人文景观或在此基础上开展旅游服务的地区。但是,旅游特色小镇与一般旅游景点不同的是,前者紧紧围绕旅游的自然资源、历史文物古迹或景观,是以单纯景点开发和运营为主的产业地区;后者是针对旅游成熟期游客对旅游地全方位的深度需求,在环境良好、交通方便、具有一定产业基础的地区,以某个特色元素为主题,围绕高端游客对旅游地城市生活的多样化体验而进行的城镇建设、管理和服务的产业和公共服务活动,是在当地居民真实生活基础上,让游客充分融入当地城镇生活。从这个意义上说,游客也是当地居民的组成部分,因此,旅游特色小镇首先是一座小城,其次才是旅游业和旅游服务,在这样的城镇生活既有归属感又有新鲜感。如我国加入国际"慢城俱乐部"的城镇有江苏高淳的桠溪镇、广东梅州雁洋镇、山东曲阜的九仙山—石门镇、广西富川的福利镇、浙江温州文成玉壶镇和安徽旌德的旌阳镇。这些"慢城"尽管在旅游方面已经打出了自己的品牌,但其共同特点是环境优美、拥有地方特色产品和产业,而且所有特征都反映了基于自身发展基础上的原汁原味的小镇生产和生活方式,所以被称为摒弃现代交通工具和快节奏的"慢城"。我们认为,这是一种非常典型的特色小镇,而不是旅游景点。

2.旅游特色小镇的特征

经济性:旅游特色小镇以旅游业为支柱型产业,旅游业对于小镇经济具有强大的带动作用,且通过"住、购、食、娱"等元素的建设,形成地区特色经济。这种特色经济的主导产业和辅助产业,甚至外围服务都构成一个产业体系,且形成密切的横向联系网络,在成为小镇经济主体的同时,推动小镇产业的更替与升级,以及整个地区的可持续发展。

规模尺度:旅游小城镇由于其面积有限,并不追求规模宏伟或者建筑华丽,而是专注于在合宜的尺度内构建旅游吸引物,创造体验环境,使旅游成为居民的一部分,是为使居民享受精致生活而建设的城镇。因此,旅游特色小镇突出的是"精致美",而不是纯粹的高消费。

价值功能:休闲的"慢"生活是旅游特色小镇提供给游客的切身体验。因此,"给城市里的人在小城镇找个心灵归宿""给忙碌的人找个休息的理由""给奔跑的人找个空间散步""给飞翔的人找个落地的角落"等,所代表的休闲度假功能是旅游特色小镇的核心价值。

文化象征意义:特色是小镇的主题,一般都通过有特色的文化符号体现。这种文化符号是贯穿旅游小镇的精神内涵,不但能转化为小镇独特的形象,如徽州地区众多古村落集群就是徽文化的典型代表,还能体现文化所包含的内在精神,如通过徽文化"高墙小窗""马头墙"等特征能感受到所蕴含的谨慎、保守和含蓄以及冒险犯难、开拓进取、百折不挠的"徽骆驼精神"。

商业导向:旅游消费是旅游特色小镇最主要的消费形式,只是旅游特色小镇的消费是"慢消费"和闲情逸致的消费方式,而不是高消费和刺激性体验消费。消费是通过时间渗透在不同项目中的。因此,不论是古镇,还是生态小镇,其消费都围绕慢下来、住下来、轻松下来的内容进行。其商业内容完全体现在日常生活中,商业运营如何引导游客以当地居民身份进行消费,是其商业价值所在,而不是对游客的歧视性消费。

3.旅游特色小镇的形成

旅游特色小镇是基于地区的某种旅游价值而产生的,当然,这种旅游价值并非完全与生俱来,而是通过建设引导它们朝特色小镇的方向发展,如影视基地和创意产业基地。因此,地区的旅游价值就是特色小镇形成的基础。世界各地都有很多旅游小镇,但多数是随着城镇的发展自然形成的,如荷兰北部的羊角村就是村民们共同选择的生活方式,随着时间的流逝而一直保持下来;法国南部的普罗旺斯,从诞生之日起,就谨慎地保守着她的秘密,直到英国人彼得·梅尔的到来,普罗旺斯许久以来独特的生活风格才渐渐被外人知晓;德国的巴登小镇因为其卓越的建筑吸引了很多著名人物，由此发展成一个集旅游、博彩和度假为一体的特色小镇；美国加州旧金山北部的索萨利托小镇发展于19世纪，南欧的西班牙和意大利移民最先居住于此，在这里，他们将带来的地中海生活习俗不断演化，形成了一个镶嵌于旧金山而又有别于美国文化的意大利风情小镇。这些小镇都有一个共同的特点，那就是小镇的发展不受外界干扰，保持自身的独特性，按照它应该有的样子健康成长。我国的旅游小镇则具有太多的人为打造痕迹，过度的投资项目和修饰已经成为特色小镇发展的障碍。

由于促使小镇成长的旅游资源不同，旅游型小镇又可分为自然风景旅游型和历史文化旅游型。

一般而言，以自然资源为基础的小镇往往建设在风景区附近的某个适合人口聚集的地方。这类小镇的经济价值就是风景区的知名度或级别。但是，著名风景区往往由于地处偏远、交通不方便和发展基础差，除了自然形成的景点价值外，其余的旅游服务都不完善，城镇建设、管理和服务以及文化和休闲设施不配套。目前，我国的这类小镇多数的旅游价值仍然停留在观光阶段，这类小镇建设难度较大，市场往往难以开拓。

以人文景观为特色的旅游小镇，既有历史积淀，又有文化底蕴，而且比较适合人口聚集。这类小镇突出的特点是其典型的古建筑和悠闲的古镇生活情趣，需要小镇及其周边地区以符合小镇特点的全貌来体现，包括所在腹地居民的生活习惯、文化习俗、生产方式和环境等。但由于城市建设过程中损毁严重，当地特色建筑大多保留不完整；居民的生活方式也由于城镇化等外界干扰而发生巨大变化；文化习俗也失去了传承。在这样的地区建设特色旅游小镇，往往需要进行大量投资以恢复原貌。但由于急功近利等原因，目前以古镇为代表的旅游特色小镇建设有诸多败笔，出现了表面复古、内涵现代，建筑像古代、其实是现代，而且"千镇一面"的怪圈。尤其严重的是，建设小镇时没有保护古镇原有的生活和文化内涵，只将当地居民集中在回迁楼里，将古镇作为一个道具供游客参观，全然没有了小镇的生产和生活气息；腹地生态环境也遭到不同程度的破坏，周边的现代建筑与古镇建筑对比鲜明，失去了整体感。这样的小镇与特色小镇相去甚远。

4.旅游特色小镇的发展现状

在 2016 年 10 月 14 日,住建部公布的全国第一批 127 个特色小镇中,属于旅游型的有 84 个,其中单纯旅游型的 56 个小镇中,以自然景观为特色的有 16 个,以历史文物古迹为特色的有 34 个,其中有 2 个以度假为主,2 个以文化影响力为特色,1 个以民俗为特征,1 个兼有休闲和娱乐功能。这些小镇的共同特征是所处的自然环境较好。但目前的城市建设水平低,产业结构较单一,尚未建立起综合的产业网络,其核心功能区竞争力较弱,没有发挥出辐射带动作用,对周边地区商业的影响弱,只有零星的商品零售,经济带动力很小。无论是自然风景型还是历史文物型,分布都较为分散,这主要取决于各地具有特色的风景和历史文物的价值与知名度。总体来看,这些特色小镇的知名度主要取决于现存的自然或历史文物价值,同时缺少城市建设、经济发展、休闲生活等后续发展所形成的竞争力和区域品牌。尤其是很多旅游小镇仅将经典建设作为实现价值的手段,完全没有城镇建设和发展的整体战略,自然风景和文物古迹仅是旅游公司的道具、游客的玩具,并不是本地发展的延续和延伸。有的小镇建设甚至使自然和文化遭到了破坏,这种建设不利于本地发展,更不利于实现城乡一体化。

1.6.2 产业型特色小镇

这里的产业是指除旅游外的所有基于本地居民的生产活动,如制造业、农业、服务业或金融业、文化创意产业等。特色小镇的核心是特色产业,其他如外形特色、文化特色、环境特色和服务特色都是为特色产业服务的。因此,特色产业的选择是对小镇命运的抉择。一般是根据当地自然环境、地方发展特点和产业基础,以产业链的某个环节或某些有竞争优势的独特产品为主导,充分利用特色小镇的区位优势、政策和创新优势,形成该产业与城镇生产和生活相融合的特色产业功能聚集区。

1.与产业园区的区别

产业园区是指由政府或企业为实现产业发展目标而创立的特殊区位环境,试图通过产业政策引导企业在一大片的土地上聚集。与特色小镇相比,产业园区开发往往占用较大面积进行土地上开发，一般可达二三十平方公里，有的相当于一个城市的规模，其目的在于通过空间聚集共享基础设施，获得聚集效益。园区管理一般实行企业管理(大的园区有政府的管理机构)，管理职能较为单一，按其类型可分为物流园区、科技园区、文化创意区、总部基地、生态农业园区等，一个园区内可以涵盖多个产业类型，基本为"块状"聚合体。产业园区主要属于政策区，聚集的纽带是各种优惠的产业政策和土地一级税收；在空间上也往往不连续，如中关村科技园在北京市有 16 个园区，北京市以外还有若干个园区；在地点选择方面，可以在城市的任何地方，市中心和远郊区都可以设立，没有环境、文化、旅游、完善的公共服务等要求，仅是城市功能的一部分。

相较之下，产业型特色小镇的面积较小，实施综合性的城镇管理甚至创新的城镇管理，城镇建设与管理能够享受扶持政策和改革机会，企业能够享受生产和生活环境与氛围。这种小镇是一个以产业为核心的完整城镇综合体，在一个聚集中心逐渐辐射和影响周边地区的发展过程中，呈现出一种可持续创新的产业组织形态，代表了产业功能与城市功能相融合的未来城镇发展方向。

2.小镇的产业特征

与产业园区和产业聚集区不同，产业型特色小镇仅涵盖某个产业链的一部分内部环节或一些产品，是一个细分行业内的产业或产品，而不是产业的专业化分工。它们往往采用行业细分后的产业类型，所形成的产业关联以横向联系为主，即围绕该领域生产的外围生产环节和服务机构，如策划、设计、研发、推广、生产、销售和服务的综合体，甚至围绕该产品的会展等文化创意活动，如产品的展销会、销售体验活动、展览、博物馆以及文化艺术活动等。这种产业类型有可能打破现有的产业划分而建立新的扁平式的产业划分体系。

为了突出产业特色和竞争的独特性，尤其是为了使产品在更大的地区范围内有竞争力和知名度，产业型特色小镇在选择主导产业时的理论根据是地区的绝对优势，即在该地区生产该产品比在其他地区有绝对的成本优势和竞争力，这与一般编制地区发展战略选择主导产业时，依据地区比较优势完全不同。因此，产业选择的范围小，生产聚焦于产品的深度开发和质量提升，在找准特色、凸显特色、放大特色的基础上进行创新，是产业型特色小镇发展的关键所在。

浙江省根据自身的产业发展方向，提出特色小镇应该集中在支撑浙江长远发展的信息经济、环保、健康、旅游、时尚、金融、高端装备制造产业及茶叶、丝绸等历史经典产业上。小镇目前已形成的产业一般是新兴产业，如私募基金、互联网金融、创意设计、大数据和云计算、健康服务业或其他智力密集型产业。但我们认为，仅从新兴产业本身来确定产业选择方向，并不能真正体现当地的绝对优势和竞争力。这是因为，地区发展的多样性以及特色小镇的独特性，决定了小镇不可能按照以往的产业发展思路进行决策，而应该基于地方发展的需要和城镇发展的方向，在产业选择时采取"内发型"模式，后续的生产过程(包括策划、研发直到最后的销售服务)采取外发型道路。这是一个基于最基层经济体的发展决策，政府不可能代替市场来进行。

3.产业特色小镇的形成

产业特色小镇，主要是在某一个专业领域里具有独特竞争优势的情况下，企业通过与周边各种因素进行组合，采用远程分工而形成专门化的生产地区。这种小镇一般以一个地域专门化的形式与外界建立联系，或者以一个企业族群(企业集群)的方式与其他地区进行合作与竞争。在这样的地区，企业与企业之间、企业与城镇之间，都建立了紧密的联系，也与所在城镇的各种要素融合在了一起，任何一个企业离开这个环境都很难存活，同时也会给其他企业带来损失。这样的小镇成长的原因有两种：一种是在小尺度空间范围内，因为某个发展契机而形成特色鲜明的产业聚集区，并经过与外界的多次博弈最终寻找到一个适合本地的发展机会。如美国纽约的格林尼治基金小镇，利用毗邻纽约金融市场、区域税收优惠、生态环境优良和全方位的生活配套等综合优势，在对冲基金如日中天的40多年前，由在投资界的传奇投资人巴顿·比格斯设立第一只对冲基金开始，利用康涅狄格州个人所得税税率低的条件，吸引大量与日俱增的对冲基金配套工作人员居住，从而形成了基金小镇。另一种是基于某项传统手工艺不断延续形成的，以产品品牌为标志的特色小镇。如荷兰的伊顿镇(Edam)、高达镇(Gouda)和马斯丹镇(Maas dam)等，都以传统奶酪制作工艺而成为世界著名的集产业、旅游与文化活动为一体的小镇。

由于产业内部的类型很多，因此，也可分为农产品型、制造业型、创意产业型及现代服务业型等多种类型，并且随着小镇数量的增加越来越丰富。但是，对于小镇的类型最好能以反映其成长规律和功能特点来划分，而不能完全按照传统的行业分类来划分。

我国经济在经过了30多年的高速增长后，产业仍然在低端徘徊，很多企业面临升级困难的问题。尤其是在中小城镇，产业由于规模小、发展能力弱、创新能力欠缺，与大规模企业相比面临诸多挑战。浙江省有很多很有名的产业基地，如纺织针织、五金电器、小家电、皮革等。这些小型企业集群都是该省的重要经济支柱，但都因为规模小、产品技术含量低、产业链短、设计能力和市场开拓能力弱，日益陷入"低端制造+低端服务"的"低端价值链"发展模式。为了建立高端业、新兴业态和优秀人才集聚平台，顺应新型城镇化的发展趋势，浙江省在"一镇一品"的"块状"经济的基础上，提出建立毛衫小镇、皮革小镇、乌龙茶小镇以及绍兴市诸暨市大唐镇等产业特色小镇。

与此同时，围绕某种独特产品而形成的产业小镇，如"一村一品""一镇一品"等，基本上都属于这种小镇的原型，在围绕该类产品逐渐丰富其产品类型和消费方式的过程中，演化成了产品与地域相融合的"地域商标"型小镇。很多乡镇工业基础弱，但环境和自然条件适宜特色农产品种植。因此，在一些农业基础好的乡镇，也陆续出现了以地域品牌为特征的农产品小镇。如天津滨海新区的中塘镇以冬枣闻名，河北邢台市隆饶县莲子镇以小麦产地建立了今麦郎集团而闻名，山西吕梁汾阳市杏花村镇以酒都闻名等。

还有一些小镇是在旅游业和文化创意基础上，经过投资建设和品牌打造而形成的。这些小镇往往形成时间相对较长，旅游和文化产业融合得较为充分，项目运作较为成功，从而使所在地成为特色发展地区。这类小镇一般属于旅游与产业兼业型，产业种类较为丰富。如上海青浦区朱家角镇利用了沿海资源，建设了国际现代化水上设施活动中心、上海市青少年校外活动营地、上海太阳岛国际俱乐部、上海国际高尔夫乡村俱乐部等，是集商务、度假、休闲为一体的娱乐旅游基地，借助这些文化体育产业，古镇区还开放了课植园、大清邮局等20多个景点。江苏无锡宜兴市丁蜀镇，在紫砂壶文化基础上，形成了集文化、商贸服务和旅游于一体的小镇。浙江金华东阳市横店镇，利用影视基地形成了文化产业与旅游型小镇。

另外一种旅游和产业兼业型小镇，由于产业资源和旅游资源同时开发而形成，一般是因为农业基础好、农产品具有地方特色，或者某一种独特的传统产业有很好的知名度，所在地区的自然环境或人文景观具有旅游价值，而进行"两条腿"走路，进而发展起来的小镇。如北京昌平小汤山镇，兼具农产品和温泉旅游；天津武清区崔黄口镇，兼具地毯和古迹旅游。

4.产业特色小镇的现状

在 2016 年 10 月住建部公布的全国第一批 127 个特色小镇中，属于产业型的特色小镇有 40 个，产业和旅游兼业的有 28 个，另外还有 1 个在农产品基础上逐步扩充的农业及其会展业城镇。在纯产业型的 40 个小镇中，属于制造业的有 8 个，其中有 1~2 个为制造业向娱乐业延伸，另外还有 1 个矿业和 1 个传统手工业城镇；属于农业特色产品或农产品加工成为特色产品，以及向农产品贸易延伸的有 30 个，另外还有 1 个小镇的产业由农业向农产品会展业延伸。在与旅游业兼顾的 28 个产业城镇中，有 11 个是农业和景观旅游业同时兴起的；属于制造业与旅游业同时发展的也有 11 个；属于传统手工业与旅游业相互促进的仅有 3 个；文化创意产业与旅游业双赢的有 3 个；属于景观农业的有 1 个。

其中纯农业型小镇主要分布在东北、华北、海南及西部地区，主要是因为这些地区农业发展空间大、工业基础落后；纯制造业型的主要分布在长三角和珠三角地区，这一带工业基础好、制造业发达；农业兼旅游型的，则以地方资源和发展条件为决定因素，在目前数量少的情况下，分布较为分散；制造业兼旅游型的，主要分布在长三角一带，这里经济发展与制造业和文化底蕴同时兼具，具有良好的融合发展条件。这些小镇的共同特征是，所在地区经济较发达，城市建设水平较高。从全国总体情况来看，产业型特色小镇刚刚开始从地方经济向产城融合起步，融合的空间还很大。

由于本次以新型城镇化为实验的特色小镇，最先从浙江省开始，且主要用于解决"块状"经济问题，所以该省的产业型特色小镇在全国具有一定的示范作用。在浙江省公布的前两批省内特色小镇名单中，属于制造业的超过了 50%，其余多为健康产业，属于娱乐、休闲和文化产业型。尤其在第一批的 37 个小镇中，比如诸暨袜艺小镇、湖州丝绸小镇、海宁皮革时尚小镇等，基本都是在原有"块状"

经济基础上扩展而成。同时在两批名单中，七大产业特色小镇有62个，占总数的78.5%。其中，信息产业有11个，金融产业有6个，高端装备制造业有16个，历史经典产业特色小镇有12个。浙江省发改委统计数据显示，首批37个省级特色小镇中，2015年完成生产性的固定投资额480亿元，平均每个特色小镇12.97亿元，其中有27个特色小镇投资额超过了10亿元。在入驻企业方面，新入驻企业达3 207家，新开工建设项目431个。同时，在人才吸引方面，新集聚国内外创新创业人才超过了1万人，一批投资基金公司纷纷入驻。比如，梦想小镇启用近半年，就吸引了400多个互联网创业团队、4 400多名年轻创业者落户，300多亿元风投基金进入，形成了较为完整的互联网创业生态圈。另外，特色小镇正成为浙江培育新产业、催生新生新业态的孵化器。如常山赏石文化小镇，引入"金融+""互联网+"理念，建立评估抵押制度，推出"石头变富矿"融资新模式；与阿里巴巴、腾讯等企业合作，推进线上、线下同步经营，开创"石头+互联网"的营销模式。这为全国以产业为核心的特色小镇提供了示范效应。

同旅游小镇类似，由于产业小镇的历史比旅游型小镇更短，数量也更少，目前仅有农产品和制造业型，现代服务业中的创意产业和金融型，尚不具备特色小镇的功能，创业产业型与旅游型在很大程度上重合，也没有在产业内部细分亚类。

1.6.3 其他类型

特色小镇的独特之处，就是每个小镇都有其特殊的形成路径。按照小镇各自的形成路径会有很多不同类型。从目前已有的国内外小镇来看，依照其起源，除了旅游和产业型以外，特色小镇还有重大事件型、科研教育型和众创空间等类型。由于这类小镇多以某个新兴行业为契机，难以按行业划分，又多以专业创新为主，是以某一有生命力的新兴行业为特点形成的聚集区，如基金小镇和航空小镇等，故这里暂且称为专业创新型小镇。

以某项重大事件，如奥运会、重大国际会议等为开端创建了知名度也可以形成特色小镇。如瑞士的达沃斯小镇，就是以每年召开的世界经济论坛而闻名；俄罗斯索契借助冬奥会的举办，成了一个更加知名的国际小镇。

科研院校建在某个自然环境好的地方，会带来人口和服务业聚集，从而形成大学城小镇，如美国的普林斯顿小镇，以普林斯顿大学为核心；康奈尔大学所在的伊萨卡小镇，是一个人口约 3 万的温馨小镇，等等。美国很多远离大城市的著名大学城，都属于这类小镇。这些小镇，自然和人文环境融为一体，均有世外桃源之感。

随着创新在全球展开的热潮，众创空间成为带有梦想和追求的新事物。在城市外围选择一个自然环境好、基础设施完善和文化氛围浓郁的地区，打造众创空间，非常符合特色小镇的要求，因而，这类众创空间也就成为创新小镇，如上海枫泾小镇中的农业众创空间、浙江云栖小镇中的腾讯空间等。与创新有关的当属美国硅谷的小镇群，硅谷核心地带共有 15 座小城镇，都坐落在美国西海岸南湾地区的山谷中。无论是苹果的库比提诺市，还是谷歌公司的山景城，都以著名公司为特征，建起了相对独立的城镇设施，并围绕创新开拓了以创新为主题的城镇生活。硅谷一带的繁荣，其实是由这些特色小镇的聚集而促成的。尽管它们已经使圣何塞，甚至西海岸湾区变成了美国的大城市地区，但是内部其实仍然是一个个有特点的小城镇。由于这类地区在我国尚未以小镇形式出现，这里不详细论述。

1.7 特色小镇的发展路径

尽管特色小镇已经成为城镇化的发展趋势，但由于规模小、地域性强，最初的成长往往是由某个偶然因素促成，其运行机制和运行模式也因这个因素和当地政府以及发展环境有密切关系。因此，本节以特色小镇的成长路径为切入点，为随后研究特色小镇的运行机制和模式奠定基础，并以此为契机讨论地方如何通过共同治理促进特色小城镇健康发展。

特色小镇不是单纯的开发区，也不是产业集聚区建设的升级版，更不是在原来中心镇的基础上，简单打造的高级城市化载体。它是在多重融合和包容发展理念下，由各种因素形成的有地区发展特色的小镇。因此，不同类型的小镇意味着不同的成长方式,不同阶段的小镇有着各自的发展机会和潜力。无论哪种类型、采用哪种成长方式,它们都反映了城镇化的不同道路,都有其合理性。

正如一个地区想发展成什么样子,能发展成什么样子,在很大程度上除了自身的资源禀赋外,还与外界力量的介入,甚至偶然因素有关。一个特色小镇同样如此,除了地区成长的一般模式外,由于其规模小,"特色"之处更容易受地区资源禀赋以外的因素影响。目前全球各种特色小镇的成长路径,主要有自发形成、政府引导开发、企业投资建设、产业转型、特色产品扩张和聚集创新六种路径。

1.7.1 自发形成

一个地区在经过从落后向发达的发展过程中,其产业也表现为从低端向高端、居民生活由贫穷向富裕的变化过程。在这个发展过程中,开始阶段无论是生产还是生活,都基于本地资源和环境而展开。由于地域的差异性和多样性,各地区经济和景观,都呈现出与本地发展条件适宜的地方特点,表现出明显的地域性特征;过去工业化,由于聚集带来的规模效应,越是大城市越表现出相似性,城镇特色逐渐消退,尤其是我国人为城镇化干扰因素多,多次"造镇运动"加速了城镇特色的消失;进入服务经济时代、城镇化步入郊区化阶段,随着企业生产对独特性优势的追逐,人民生活对特色文化和舒适环境的向往,特色小镇的独特性优势又逐渐显现。由此我们可以看出,随着生产进步和经济水平的提高,以及城镇化向高端迈进的进程中,城镇经历着从特色走向相似,再向特色的变化轨迹。这说明,特色城镇并不是新近才出现的,而是早已存在的,只是不被认可而已。

在基于本地资源特点、按照居民原本生产和生活状态演化成的特色小镇,我们称之为自然小镇。当地居民选择的生产和生活方式与外界截然不同,并且居民长期坚持自己的生活习惯,这类小镇的特色才得以保留。当然这种不同的生产和生活方式,有的是居民自愿保留传统,使长期独特的生活方式不受外界干扰而形成的;有的是没有条件进行改造,在无意识下保留而形成的。前者的例子一般多见于国外发达国家;后者多见于发展中国家或较落后地区。

在荷兰西北部的欧瓦莱斯省(Overijssel),有一个德文登(DeWieden)自然保护区，里面有一个著名的羊角村(Giethoorn)小镇。18世纪时，一群挖煤工人定居此地，除了挖出了大小不一的水道及湖泊外，还在地下挖出许多1 170年前野山羊的"羊角"，羊角村因而得名并保留至今。它完全是一种居民自愿而形成的、传统生活方式的村落小镇，其生活方式距今已有700多年的历史。这里尽管距离荷兰最大城市阿姆斯特丹仅120公里，但并没有进行现代化的建设，这里没有汽车，没有公路，只有纵横密布的河网和176座连接各户人家的小木桥。一切车辆禁止开入小镇，全长4英里的运河水路和纯木质拱桥的陆路，是其仅有的两种运输方式。

除了步行和自行车外，人们主要的出行工具是最古老的撑篙小船，邮递员乘船送信，人们也都是坐船去教堂做礼拜。无论是在水中还是在岸边，你都能感受到这座童话小镇的静谧。生态环境几乎全为自然状态，树木大都数百年，房屋亦上百年，一切都刻有时间的痕迹，但又亘古不变。在这里生活的居民大都是医生和律师等高收入的中产阶级。为了保护小镇的传统和生活气息，快艇都是无声的，屋顶材料使用的是芦苇；为了避免霸占不动产和保持正常的居民活动，政府规定，只有把羊角村的住房视为"第一住宅"，才能在此置产。除了纯自然特征外，这里还具有很浓的文化氛围，镇里有不少当地人开的私人博物馆，有乡村质朴的旅馆，也有豪华精致的酒店。一切都体现着传统与现代、自然与文化的高度融合。

在我国四川的阆中古镇，也是一座千年古城，有两千余年的历史，目前保留有多处文物古迹。由于地处四川盆地，在成为旅游胜地之前，古镇交通不便，这里由于经济发展落后，无力对古镇进行旧城改造，古镇的中心部分得以完好保存。自从20世纪末和21世纪初，一批艺术家采风时发现其珍贵的古城价值后，这里便成为一个著名的旅游古镇，现已与平遥古城、徽州古城和安居等三大古城结成古城文化旅游联盟。同样，丽江古城始建于宋末元初，古城内的街道依山傍水修建而成，它是第二批被批准的中国历史文化名城之一，也是中国仅有的以整座古城申报世界文化遗产获得成功的两座古城之一。这座小城也是因为地处边远的少数民族地区，没有在城镇化过程中被拆除和改造，直到20世纪80年代初，此地还是一片破败景象。在1996年丽江大地震后，前来救援的人员才发现了这个富有文化特色的美丽古镇。在21世纪初，随着旅游业的热潮，这里才开发成为著名的旅游城镇。

由上可见，各地区本来都是有特色的，加以保护和遵循其发展规律就是进行特色建设，并不是所有的特色都要靠人为打造才能成功。这类小镇以本地居民生活方式的特色为主，由旅游公司介入后才有一些商业活动。

所以，产业与城镇的融合功能较突出，城镇发展成熟度高。这种方式成长起来的小镇主要是生产、生活和旅游兼顾型小镇。

1.7.2 开发建设方式

特色小镇除了已有的资源条件外，还是有很多建设空间。因此，一些小镇是在充分利用本地自然或历史文化资源的基础上，在特定发展目标约束下，经过后来的开发建设而形成的。与前一类自发形成不同的是，这类小镇一般是将自然或文化资源融入建设目标中，并对已有资源进行了提升，使其更接近产业发展的需要，更具有可经营性。不过需要明确的是，无论投资起多大作用，本地资源仍然是竞争力的核心。因此，这类小镇一般以项目为契机，主要由企业对当地独特资源(自然的或文化的)进行开发建设。旅游开发公司是这类小镇建设的主体和促使其成长的主要力量。

这样一来，旅游项目的成功与否决定了该小镇的成败，旅游项目的客户群和定位、盈利模式就构成了小镇的发展轨迹。一般来说，有针对自然资源开发和针对历史文化古城开发两种建设模式。

自然资源主导型的开发建设。这类小镇以自然资源型的旅游小镇为主。如，阿根廷的巴里洛切小镇坐落在安第斯山麓的西部，周围有雪山和湖泊，依山傍水，自然景观与欧洲的阿尔卑斯山地区颇为相似。但由于交通和基础设施落后，服务业不够发达，难以吸引欧洲游客。为了开发这里独特的自然资源，各种旅游项目接踵而至，其开发历史至今已有一百余年。现在，这里有直达欧洲的航班，有各种档次的酒店旅舍。旅游公司还在此举办丰富多彩的活动，如每年8月举行盛大的冰雪节，有滑雪比赛、冰球比赛、火炬游行等活动；为了让游客有亲临瑞士的感觉，还生产巧克力，举办巧克力晚会和评选巧克力皇后等活动，从而吸引了众多欧洲移民。目前的居民以德国、瑞士和奥地利移民为主，这里成为胜过欧洲很多地方的休闲胜地。

古城变为特色旅游古镇的开发，以历史文物古迹旅游型为主。我国有很多历史古城，经过20世纪初至今，由于旅游业大发展时期的推动，目前大量古城已经以旅游古镇项目为龙头，被开发成了旅游景点；并随着进一步完善城镇功能，正在向特色古镇方向发展。乌镇由于地处经济发达的长三角地区，同时兼顾古镇特征和文化名人记录，经过乌镇旅游公司的开发，这里除了古街道观光外，更成为以"商"为核心、以"夜景"为特点的休闲体验式旅游和度假生活场所。随着这个开发模式的成功，该公司已经在全国其他地方进行推广和复制。但由于其开发过程几乎全部依赖公司运营，政府的基础设施和公共服务几乎全无，开发模式过于商业化；另外，在多地复制有可能产生千篇一律、"千镇一面"，小镇建设就会失去特色。

事实上，目前我国的大多数古镇，基本都是以旅游项目为核心，通过公司运作而成的旅游城镇。这些古镇业务单一，旅游业发展强而城镇发展弱，城镇居民生活改善不明显，周围环境建设无从谈起，古镇游已经出现了"千镇一面"的苗头。

由上可见，开发建设成的小镇多以公司赢利为目的，旅游是其主导产业。政府如果不将主要精力放在小镇建设和居民生活改善方面，关注小镇的全面发展，容易导致商业开发过度，功能过于单一，小镇的融合功能缺乏，最终有可能会与特色小镇的建设目标背道而驰。

1.7.3 投资打造方式

在以产业为核心形成的特色小镇发展过程中，有些产业聚集区是围绕某个企业或项目而形成的。这类聚集区的形成并不是因为地区独特的资源优势或者资源在其中所起的作用并不重要，而是投资人利用了某个偶然因素或本地的市场机会，凭借其经营能力和对市场的运作经验，成功运作了该投资项目。这类聚集区的核心竞争力并不是本地自然资源或历史文化资源，而是借用地区腹地的市场和区位条件形成的企业竞争力。这类聚集区的核心企业一般是由投资人精心筛选出某个有竞争力的项目，通过该项目运作，不断吸引相关产业和人口聚集并向特色小镇的方向发展。尽管这类聚集区在开始阶段，还不具备特色小镇功能，但从其发展方向和潜力来看，这些项目一般是新兴的娱乐和文化创意项目，能够通过企业之间的横向联系和纵向延伸，促使地方政府完善基础设施，并不断增强服务功能，同时也为相关服务业创造了很多就业机会。最终可以将本地资源和文化融入企业竞争力中，从而实现产业与城镇融合、自然与人文融合的特色小镇。

为了让居民出行更方便，尤其是为游客提供更便捷的交通服务和飞行体验，美国很多地方开始了航空小区建设。这些小区都建设有供小型飞机起飞和降落的跑道、停机坪和机库，以及飞机修理等配套服务设施。而且这些地方一般自然环境优越，有很多适合野外体验的旅游资源，成为十足的"航空小镇"。目前美国已有30余个这样的小区。如佛罗里达州的斯布鲁斯可立克(Spruce Greek)小镇，弗吉尼亚州的安格拉斯内斯(Eagles Nest)小镇，加利福尼亚州的希尔拉(Sierra)小镇和爱达荷州西北角的沙点(Sand point)航空小镇。与房地产业结合，是以新型房地产开发为契机而形成的以娱乐为核心的旅游产业小镇。

在我国近年较为流行的是娱乐小镇和影视基地，上海市青浦区的朱家角镇，除了有历史文化古迹外，还有淀山湖水资源，但自然风景和文化历史资源的独特性并不突出。娱乐公司充分利用了邻近上海的市场条件，投资建设了具有国际水准的现代化水上设施、太阳岛国际俱乐部、国际高尔夫球俱乐部以及青少年校外活动营地。大量的俱乐部成员增加了小镇人流，使古镇开放了老街、数十处名胜古迹，并在特色农产品方面也形成了一定的吸引力。该镇成为集旅游、观光、商务、度假、休闲、购物等为一体的特色娱乐旅游基地。

浙江金华东阳市的横店镇，原本是一个以八面山公园为景点的普通小镇，自1996年以来，横店集团累计投入40多亿元兴建横店影视城，现已建成广州街、香港街、秦王宫、清明上河图、明清宫苑、梦幻谷、屏岩洞府、大智禅寺、明清民居博览城、华夏文化园、红军长征博览城等近20个影视拍摄基地，年接待中外游客近1 500万人次，成为以"中国瓷都"和"中国好莱坞"为标志的特色小镇。

北京市怀柔区杨宋镇，距北京城区45公里，利用北京的文化资源，以中国影视集团迁移为契机，投资打造了以影视后期制作为核心的综合影视基地。该基地以中影集团的电影数字生产基地和星美影视城为核心，核心区面积约1平方公里，总面积 5.6 平方公里，与上述特色小镇的规模一致。

该基地聚集了 1 600 余家文化经营企业，包括影视拍摄、休闲旅游、包装印刷、广告会展、文化娱乐、艺术创作等多个领域，小镇还设有健身、餐厅、图书馆等多个休闲和城镇生活服务设施，目前已成为一个有特设管理机构的创意产业聚集区。这种聚集区与特色小镇的发展方向完全吻合，是一个靠投资打造的成功特色小镇案例。

尽管投资打造途径成长起来的小镇，对本地自然资源没有太大依赖性，但却利用了该小镇周边地区的区位和市场条件以及某个发展契机，并经过了成功的投资运作。这种发展契机实则是产业空间转移和梯度推移的结果，在其他地区不一定适用。因此，这种成长路径仍然存在着不可复制性，如果不考虑地区特点，尤其是周边发展条件而一味模仿，这并不可取。深度旅游型和创意文化产业型小镇多采取这种方式。

1.7.4 产业转型方式

随着规模经济逐渐失去竞争力，范围经济越来越显示出其生命力。创意引领时代，需要企业之间增强横向联系，通过扁平化实现更广泛的知识溢出，提高创新能力。特色小镇以其规模小、功能丰富、城镇设施完善、环境好、创新氛围浓厚，可以吸引大量人才和资金，为传统产业转型提供了有助于企业之间建立广泛网络关系和增强创新能力的特定空间。在这样的空间里，企业可以通过相互联系，建立创新平台，通过增强研发能力，使原有产业向产业链高端推进；也可以利用原有企业优势，开创新产业领域，创新特色产品；亦可以与其他产业融合满足新的市场需求，比如健康小镇就可以融合医疗、医疗仪器、生物制品、制药以及中医健康服务、健康咨询、养生等多种产业，形成一个个性化的健康小镇。基于此，很多传统产业区经过改造、创新与融合，形成了产业型的特色小镇。这类城镇多数是在制造业的基础上演变而成的。

第三意大利是指由于众多小企业聚集而崛起的意大利中部地区，以区别于经济发达的北部和落后的南部而有的称谓，该地区原本是意大利主要的农业区和旅游胜地。20世纪70年代，为了避免北部地区大企业垄断带来的弊病，又能在低起点的情况下得到较快发展，以原有家庭工业为基础，出现了一大批纺织、服装、陶瓷等技术和资金门槛低、市场风险小的传统产业小企业。这些企业平均规模不到10人，以传统的劳动密集型手工业为主体，专业化生产程度很高。每个企业只生产一两种产品或只从事某一环节的生产和加工，企业间横向和纵向协作均十分密切，表现为高度集中的企业集群型产业区，形成了典型的小企业空间体系。如艾米利亚—罗马格纳地区(Emilia - Romagna)，就有油动挖掘机械中心(CEMOTER)、陶瓷中心和建筑工业中心(GUASCO)、制鞋服务中心(CERCAL)、农业机械服务中心(CESMA)、纺织服装服务中心(CITER)六类服务中心。

  这六个服务中心拥有在职技术和顾问人员百余名，会员企业有数百家。而且，区域内的企业合作组织和商业协会也促进了海外市场的开拓、研究以及知识与信息的传播。在波特提出产业集群后，国内外学者都将这里作为产业集群的典型进行了大量研究。这样的产业聚集区，除了上述特征外，在空间体系内的企业之间及其内部，均形成了联系密切的创新网络，并衍生出许多新型的提供设计和研发的小型企业，其生产方式为多品种、小批量生产，并按照多变的市场需求，在保证产品质量和特色的前提下，做到了专、精的柔性化定制，形成了以传统工业为特色，以农村、小城镇为中心，相关企业集中的小企业城镇空间体系。这个空间体系中的80%分布在人口不到10万的小城镇或村落中。这样的产业聚集区与我国的产业集群完全不同。这些小镇(村落)环境优美、管理高效、创新程度高，实现了自下而上的居民自治，已经成为典型的特色小镇群。

  广东省佛山市南海区西部的丹灶镇，其五金业经过40多年的发展，已经成为该镇的支柱产业，现有五金企业2 000余家，年产值超百亿元，并有"中国五金之都"之称。2001年成立的国家第一个生态工业示范园区，也已成为该镇的一张名片。随着五金这种传统产品面临技术转型，丹灶镇利用以日本汽车配件为核心的中小企业聚集优势，以良好的产业生态环境和创新氛围，吸引广东和深圳等地的技术、人才和资金，树立了技术创新型的知名企业典范，建立了针对五金技术创新需要的孵化器和加速器，以及重大创新平台等路径，注重新材料、工业设计和个性化定制与文化的融合，实现了传统五金制造业的智能化、网络化和信息化，将生态新城、五金之都、休闲胜地、历史名镇等优势进行融合,建成了制造业创新的特色城镇。

丝绸作为浙江湖州的传统产业,创新不足,文化和品牌缺乏,需要在产业链和创新方面进行彻底转型。从 2014 年开始,吴兴区充分发挥丝绸小镇文化优势、区位优势和产业优势,依托湖州丝绸文化根脉,布局了企业研发运营总部,开辟了时尚会展交易区,拟建设丝绸文化创意体验区和丝绸主题公园休闲区等。吴兴区的规划目标是,将该镇建设成为集丝绸产业、历史遗存、生态旅游为一体的产城融合的"复合型小镇"。同时,浙江省还根据现有产业优势,如大唐袜业、柳市低压电器、慈溪小家电、桐乡毛衫、永康五金、海宁皮革、嵊州领带等,建成诸暨袜业、海宁皮革等多个类似丝绸小镇的产业型小镇。一般制造型小镇多沿这一路径成长。

1.7.5 特色产品扩展方式

具有地域特征的产品往往容易成为地方的特色产品,也是小镇特色产业的基础。除了上述制造业外,很多特色农产品对地域特征依赖性更强,成为特色小镇发展的起点。而且有特色农产品的地区一般都具有独特的自然环境,使特色小镇具备自然基础。这些地区如果能够充分发挥该特色农产品的独特性,采用先进技术,提升品牌,并将具有当地特点的传统文化融入其中,与其自然环境相结合,就能形成产品竞争优势;同时,扩展其横向和纵向产业联系,强化相关的服务业和制造业,以及种植农庄的创意体验,开展节庆、会展、贸易等多种方式的活动,并在经济和旅游业发展的基础上,完善城镇设施和公共服务与公共事业,必能在"一村一品"和"一镇一品"的基础上,形成一批特色小镇。

地处河南焦作的赵堡镇,以生产淮山药为特色。该镇与贸易公司合作,投资淮山药加工项目,在国内外市场上创立了独特品牌,同时还发展了其他特色农产品,如地黄、牛膝、芦笋的种植。在特色农产品的基础上,该镇的其他农村产业,如小麦种植和畜牧业也得到了较快发展。同时,该镇在农业经济的基础上,利用本地太极拳影响力和一些文化古迹,进行了太极文化建设,开发了乡村旅游资源。

随着产业的深入，进一步举办了赵堡和式太极观摩交流会和农产品展示会，成为以农产品为基础的综合特色小镇。

甘肃省武威市凉州区的清源镇，以葡萄、蔬菜种植为主，干旱区的瓜菜品质远近闻名，还有沙枣、牡丹、芍药、丁香等花卉远销至新疆、内蒙古、宁夏等省区。目前，镇内建设有濒危野生动物繁育中心和沙漠公园，以及市产业开发中心和区治沙站等。以此为契机，清源镇建设了葡萄基地、生态农业观光园，并发展了高科技农业产业园，葡萄、蔬菜等产业化经营区，建设了以采摘商贸一条街为主的商业长廊，培育了以饮食为主的各类服务项目，具备了集休闲、娱乐、餐饮和旅游为一体的特色小镇雏形。

陕西省咸阳市杨凌区五泉镇，依托杨凌农业示范区和农林科技优势，以及历史名胜古迹，以 3A 级风景区为标准，建设了现代农业示范园区。

区内建设有育苗馆、梦幻花卉馆、无土栽培馆、现代农业创意馆、西部特色馆、超级菜园、南方果蔬馆八个现代农业技术馆和花卉林木种植苗圃、水生植物展示区和创新中心等，将农业、科教、创意、文化和旅游融为一体，成为杨凌农业基地的核心城镇。一般来看，农业地区和农产品小镇多以这种形式出现。

1.7.6 聚集创新方式

创新是特色小镇发展的动力，这种创新不但表现在产业升级和创意产业方面，还表现在特色小镇是一个创新平台，承担着聚集创新功能。因此，一些创新空间，如创新科技园等，经过完善城镇设施和公共服务以及居民生活服务，可以形成创新型特色小镇。但是，由于创新空间要求更小的范围和更紧凑地"俱乐部"式聚集，这个创新空间就构成了特色小镇的核心空间。前述的特色小镇一般具有"核心—腹地"双层空间结构，这种创新小镇因多了核心层而成为"三层"结构(图 1-3)。

杭州基金小镇的生活园区就在该基金小镇的核心地段建设了一个小的众创空间——"创新小镇"。"小镇"客厅由陶瓷品市场就地改造而成，配备有中心广场、游客中心、金融展示中心、运动健身中心、酒店和酒店式公寓、图书馆、特色餐饮等内容，充分向光临"小镇"的游客展现小镇丰富多彩的功能。

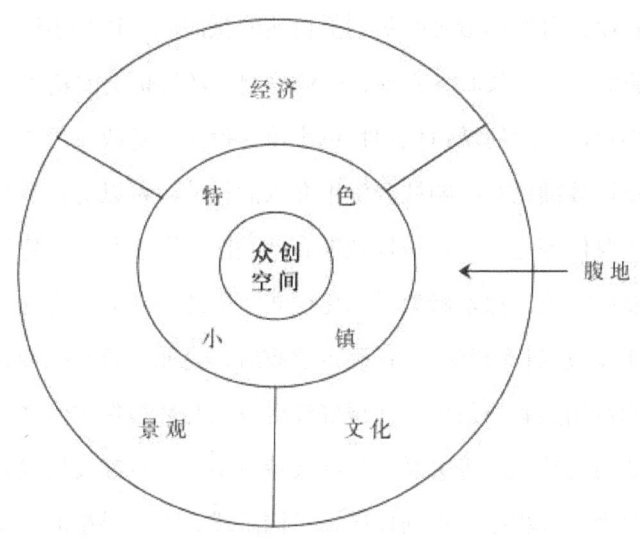

图 1-3 创新型特色小镇的三层结构

由于众创空间大都处于刚起步阶段,目前还都开设在大城市的某个特殊地段,数量还很少。但随着融合创新的进一步深入和特色小镇的成长,在小城镇内部以众创空间为空间载体的特色"小镇"将呈现方兴未艾之势。一般来看,产业型小镇比较容易出现这种"三层"结构的情形。

1.8 特色小镇发展模式

特色小镇的发展有很多种模式,概括起来有两大类,即自发模式和政府主导模式。自发模式主要出现在西方发达国家。由于土地的私有化性质,政府无权干预企业选址和微观运营,只有城镇规划和税收调节手段。

因此,企业的特色小镇选址,完全由市场因素决定。特色小镇形成的原因,要么是那里的税收水平很低,要么是区位条件能够使企业获得更多利润。

前者降低税率空间有限,后者由地区的各种区位条件决定。特色小镇作为地区演化的自然产物,其特征完全是自发形成的。欧洲国家的很多小镇都是这样,尤其是瑞士,除了苏黎世、伯尔尼、洛桑和日内瓦等几个大城市外,其余村镇全部是在本地农业、自然环境等的基础上自然演化而成。这些小镇即便没有名气，也是基础设施健全、公共服务完善、产业稳定、环境优美的精美小镇。

到目前为止，我国的城镇化和特色小镇建设主要是政府主导。根据政府在其中的地位和投资数额以及影响社会资本介入的程度，可以对特色小镇进行细分。特色小镇的主要任务之一，就是打破现有开发区、园区和新城建设等开发模式，创新可持续发展模式，探索新型城镇化模式。因此，深刻领会地区发展的自然规律，按照健康城镇成长的路径，正确定位政府、企业、公共机构、社区自治组织和居民等各利益相关者的角色，处理好经济发展与环境保护、文化创意与历史底蕴、聚集核心与腹地发展等关系，是寻找特色小镇可持续发展模式的基本原则。当然，在实际操作过程中，不同地区、不同阶段、不同类型的小镇所采取的模式需要因地制宜，各取所需，才能保证有特色的发展道路。例如浙江省的特色小镇模式是一个产业(即地区的一个主导产业)、一个投资主体(一个镇一个主要投资主体)、一个区域(不受行政界线所限的特定区域)、一个运作方式(市场化运作)。围绕这种发展模式，在政府、企业和社会中明确各自定位，不同地区根据自身特点，选择自己的模式。

1.8.1 政府主导

特色小镇属于地区发展范畴。我国的地区发展和城镇化历来是政府主导，但在具体实施过程中，由于政府的地位和角色有一定差异，所以我们将政府直接参与投资，以及政府行为对小镇建设、产业发展以及投资者产生直接影响的小镇发展模式，称为政府主导模式，一般来看主要有三种：一是政府直接投资，撬动社会资本进入；二是政府通过产业等各种政策，鼓励社会资本进入，帮助企业成长；三是政府搭建小镇产业发展和创新平台，为企业创造转型和创新环境。

1.投资撬动

如前所述，特色小镇建设需要走可持续发展道路，因此公益性、改造性和保护性建设远大于一般的开发建设。基础的公益性项目是一项巨额资本沉淀甚至是无直接收益的投资，因此私人资本介入的积极性不高；在政府渐渐失去对土地财政依赖的条件下，完全靠政府投入也不现实。因此探索多元化的投资模式，尤其是建立利益共享、风险共担的机制，是特色小镇探索的任务之一。

从政府自身的角度看，需要采取合适的方式，真正发挥好主导作用。

地方政府根据地区经济发展的需要，前期需投入一定资金，改善地区外部条件，增加区位价值，以吸引私人资本进入，实现小投资撬动大投资的目的。2011年8月，北京市曾设立总规模100亿元的小城镇发展基金，投向全市42个重点小城镇。同时，北京市政府安排了5亿元的引导资金，主要投向有三类：第一类是特色产业培育和产业结构调整，如基金与产业园区合作开发建设厂房、仓储，搭建招商引资平台，推动小镇产业向集约化、生态化转变。第二类是基础设施和公共服务项目建设，如对于道路、公园、医院、学校等非经营性项目，由基金无偿提供一部分资金；对于供热、供气、供水、污水处理等准经营性项目，采取与企业合作建设的方式；对于可经营性服务设施项目，则和连锁企业合作开发建设、经营。第三类是旧城镇改造与建设，政府参与旧城镇改造，提高土地利用效率，提升当地居民宜居水平等。北京市采用了基金投资方式，既充分发挥了政府投资的引导、放大作用，也为社会力量参与小城镇建设提供了间接、集合式的良好投资渠道。在前期5亿元投资的引导下，共启动前期投资额50亿元，使北京市郊区重点镇面貌焕然一新。但是这种模式需要政府有足够的财力。因此，一般在北京、上海等大城市地区可行，而欠发达地区，尤其是落后边远地区则无能为力。

这种模式容易导致政府过度干预，往往忽视投资效率，致使资金用在地区发展的投资效率低，在纯粹的私人资本投资不看好资金回报的情况下，一旦政府的后续投资跟不上，特色小镇建设就有可能停滞，反而欲速则不达。根据前述，特色小镇是地区经济发展的产物，如果地区发展不具备特色小镇建设的经济基础和特色产业发展的条件，无历史和文化继承性，仅靠政府投资的发展模式本身就与特色小镇演化路径背道而驰。目前我国特色小镇主要有社会和政府两种投资主体。社会机构投资快，但缺乏系统性建设步骤；政府投资着眼长远，但资金量有限。因此，设立小镇发展基金，既可以保证资金的来源充足稳定，又改变了单一依靠政府投资建设的弊端，同时能兼顾社会效益，优质资源的整合能力也较强。政府的作用应该放在地区的集约化发展方面，充分发挥地方所有主体的积极性，政府不在于直接参与经济和建设，而只要为地区发展创造公平环境和创新氛围，能够引导小镇的发展方向，就能实现目标。

2.政策引导

政策引导是我国地区经济发展的主要手段，一般表现为资金性的鼓励扶持政策、产业政策和土地税收等优惠政策、规划调控手段。但是，长期以来，政策都由各部门制定，缺乏针对某个地区的一揽子政策，没有完备的政策体系，很多政策在具体实施过程中效果都不够理想。尤其是经过了30多年的实践后，以产业政策为核心的扶持政策暴露出很多缺陷。因此，特色小镇建设也需要探索有效的一揽子政策，即从规划阶段开始，建设目标、引入产业标准、鼓励和扶持措施以及后续发展和整体运营等所有管理措施，都包括在一个政策工具箱里，使得各阶段和各部门之间的措施和管理目标、任务相互协调。

在考核办法方面，浙江省在政策实施策略上尝试用后评估倒逼创建过程，即对列入名单中的小镇进行考核，倒逼上名单的小镇加快特色小镇建设步伐，用创建制代替审批制。例如，在土地要素方面，对如期完成年度规划目标任务的，省里按实际使用指标的50%或60%给予配套奖励，对3年内未达到规划目标任务的，加倍倒扣所奖励的用地指标。另外，一些省市还提出要"宽进严出"，要建立特色小镇创建的退出机制，对考核不合格的要"摘牌"。这些策略采用的都是标杆管理手段，可以避免地方对"帽子"展开争夺战，对政策制定者、执行者也提出了长线跟踪和过程控制的新要求。在目前，政府的角色尚未完全由专利转入服务的阶段下，这种目标式的管理方式可以借鉴。

在支持对象方面，政策要着眼于所有企业，尤其是中小型企业。这是因为，特色小镇是中小企业家的舞台，比起资金扶持，他们更需要政府创造的发展环境，更需要政府在发展能力和平台上的支持。例如浙江省出台了支持中小企业的直接支持措施，直接补助众创空间、支持科技孵化器建设，开展集群化注册制度、向创新型中小微企业专项技术提供支持资金等。

在支持改革创新和试点突破方面，浙江省采取的办法是先行先试，经验就是把特色小镇的物理空间、创新空间叠加到改革空间上，将特色小镇定位为符合改革试验区，优先申报国家的改革试点、国家和地方先行先试改革试点以及符合法律要求的所有改革试点。这就意味着，所有改革都要求特色小镇先行突破。在具体推进过程中，要求列入特色小镇名单中的城镇都增设创业服务大厅，提供包括"三证联办、创新交流、政企交互信息"等在内的保姆式服务。此外，还要求各小镇制定一揽子服务措施，在房屋租金、能耗、购买云服务、购买中介服务等方面给予补助，最大限度地降低创业者的资金成本。

3.搭建平台

政府最有效地引导方式，是为小镇建设、产业发展和创新搭建平台。

在公共性项目方面，如基础设施和公共服务，充分利用市场机制，逐渐开放市场，通过搭建利益补偿和利益平衡机制引进私人资本。可以采用"捆绑式"利益平衡机制，引进私人资本修建基础设施，然后将相关土地开发权让给企业，使开发企业将基础设施建设与后来的土地增值收益相结合，既鼓励了企业积极性，又平衡了利益关系；将教育培训任务委托给相关机构，政府实行购买制度，以解决培训需求。在企业服务方面，为企业的公共服务提供帮助，并通过政府平台为企业提供技术、人才、专利等信息和服务，必要时可以代表本地企业与需求量大的产品或服务的供给方进行谈判，以降低本地企业成本。目前，已有很多地方开始探索建立特色小镇发展基金、众创空间的企业投资运营等平台，一些地方还成立了特色小镇发展基金，来解决特色小镇建设的资金问题。

例如杭州玉皇山基金小镇，创建了基金行业交流平台，针对私募(对冲)基金的特殊性，设置了一系列特色配套服务，包括成立浙江省金融家俱乐部、浙江金融博物馆、对冲基金研究院、私募基金孵化器和训练营等。

针对旅游型特色小镇，政府应该通过各种渠道为旅游企业和游客提供旅游服务信息。由于旅游特色小镇不同于一般的旅游景点，游客需要只身前往，不需要旅行社等提供中介服务，他们对个性化和多样化的信息需求更高，对公共信息服务也提出了更高要求。而目前的旅游信息大都是旅游网站、旅游公司和网友推荐提供的，缺乏政府的权威，同时信息也不全面。政府或者由政府指定机构，可以作为公益性活动，为游客提供旅游的具体路线、住宿信息、景点信息、购物信息以及交通和游客饮食起居等小镇生活信息。

以旅游为核心产业的特色小镇，应该由政府组织建立专项旅游交通体系、游客服务中心、小镇旅游标示系统、游客公共休息设施，以及旅游网络信息系统。尽管旅游公司网站也提供旅游信息，但大多数是以企业赢利为目的的，以城镇发展和游客旅游活动为目的的信息服务十分缺乏。例如北京市各区有很多旅游服务中心，但里面的信息过于简单，不能满足游客需要。加拿大很多小镇都有一个旅游服务中心，完全公益性地提供适合本地旅游的具体时间和季节甚至天气情况，公共交通、景点的分布、住宿、餐饮等各种具体内容。瑞典的很多地方政府专门组织当地镇民开设家庭旅馆，由政府免费提供网上预订服务。浙江乌镇的旅游官方网站就包括了乌镇的整体概况、交通、住宿、美食、娱乐、特产、预定、会务等内容，在交通方面有周边交通、镇区交通、景区交通、自驾车指南和手机导游等多种信息。其中周边交通图还包括乌镇交通示意图、乌镇汽车站时刻表、桐乡汽车站和高铁站(上海方向、杭州方向)时刻表、周边机场到乌镇的航班等具体内容。

杭州梦想小镇通过简政放权，设立一站式服务、多政合一以及O2O(Online to Offline)平台，并委托财务、法律服务、人力资源、知识产权等机构，对入驻企业提供服务；通过新券这种虚拟货币的扶植方式，保证政府的投入有效地用于企业的发展，使政府工作从传统的税源培训转变为对创新主体和创新能力的培育。在梦想小镇的创新创业平台上，每年有三百多场不同的创业交流活动，实现了资、智融合的常态化。对于初创者，梦想小镇通过给予创客们租金减免、资源补贴、配套人才公寓等政策优惠，为创业者提供轻松的创业环境，创立了"种子仓—苗圃—孵化器—加速器—产业园"的接力式孵化服务模式，同时淘汰孵化期间不理想的项目，对创业者建立跟踪机制，鼓励创业团队吸取经验教训，重新挖掘创新项目。另外，与对创业初期仅仅为创客提供融资的平台不同，梦想小镇提供了一个以互联网为核心的多维立体产业生态圈，通过分析并提取创业企业的共性需求(比如财务、法律、技术服务、政务等)，以云平台的方式开展专业化服务、一揽子和标准化服务，孵化出来的创业企业，形成了再孵化能力。比如成立于2010年的遥望网络，通过孵化、指导、管理"游戏公会"等模式，实现了单月手游流水超1.4亿元，牵头成立了手游村，集聚了基金、手游开发商等产业主体，构建了手游产业链孵化基地。小镇组委会还通过提供各种工作空间、提供配套设施、搭建交流平台，发展人才梯队，促进创客与企业、创客与创客、企业之间互相合作；同时，在小镇外围，通过对土地等资源整合，为创业项目的发展壮大预留了后续发展空间；还通过中国(杭州)财富管理论坛、中国青年互联网创业大赛、中国互联网品牌盛典、中国研究生电子设计大赛等大型活动，搭建了吸引外界资源的平台。

1.8.2 项目主导

特色小镇与以往的城镇建设不同，突出的是特色和质量，并通过质量求特色，其运作的成功与否与项目有直接关系，建设项目是培育特色小镇的前提。小镇从单一功能向复合功能的转变过程，其实也是一个个项目不断运作成功的过程，而且这些项目是沿着某个产业的核心不断延续和延伸的，从而加长了产业链，实现了多产业融合的目标。以往的城市建设，都是通过政府的招商引资实现项目落地。但是，特色小镇对项目数量的限制以及纵向和横向关系导致对项目有很高的要求，需要在各环节上把关，如项目立项、论证、落地、实施、跟踪、评估、推广，等等。其外延远远大于招商引资的工作范畴，必须有"一条龙"式工作流程和服务机制，并要指导实际操作。在选择项目的执行机构时，相关主体需要慎之又慎，既要有利于延长产业链，又能够扩展横向联合，以实现城镇服务与主导产业以及多产业的相互融合。一旦选择好了项目与执行机构，就由这个机构为主导，进行市场化运作，政府辅助其完成项目的各项约定。

位于美国佛罗里达州的奥兰多迪斯尼乐园型城镇，是一个靠项目运作成功的典型例子。首先，迪士尼主题的选择，提升了奥兰多的形象；其次，大型主题公园的多业融合，为小镇提供了消费需求；第三，大型主题公园的建设改善了地区基础设施建设；第四，大型主题公园的各种活动改变了区位条件，增加了企业的经济外部性和商业环境。因此，好的区位条件可以引来好的项目，好的项目也要靠政府提供好的基础平台。这种模式需要坚持"政府搭台、企业唱戏"的原则，政府只提供规划、土地指标、税收返还(有税收才有返还)，绝对不干涉项目运营。这样不但可以减轻政府财政压力，也明确了政府与企业的责任与分工。

为了保证好项目的绝对优势，浙江省提出每个特色小镇均应明确一个主要的投资主体，投资主体可以是国有投资公司、民营企业或混合所有制企业，政府重点做好特色小镇建设的规划引导、资源整合、服务优化、政策完善等工作即可。如杭州西湖云栖小镇，以阿里巴巴为战略合作伙伴，由企业资助投资并进行项目运作，打造了基于云计算产业的特色小镇；嘉兴海盐核电小镇，围绕秦山核电站，由企业独立运作项目，地方政府进行外围基础设施建设，与中国核工业集团共建"中国核电城"；衢州龙游红木小镇，则由年年红家具(国际)集团公司投资80亿元，建设和运营自己的项目。这种以企业为投资主体的运作方式，有效解决了城镇化融资难的问题，也释放了市场活力和企业竞争力。另外，为了对项目运营方式有更好地把握，还可将特色小镇的项目按非经营性和经营性分类。非经营类项目的资金来源，主要以财政资金或城镇化建设债券投入为主；经营类的投资主体可以是国有企业、民营企业、外商等，按市场规则经营和获得收益。

杭州特色小镇的建设，基本都是以项目带动，通过选好项目、大项目、产业群项目和产业链项目，进行产业化集聚，形成产业生态圈。如临安市的创客小镇，由浙江省环科院研发中心具体进行项目建设，以杭州源牌环境科技有限公司、浙江绿色低碳建筑科技馆、杭州福斯特光伏材料有限公司研发基地、国家林业局竹子研究开发中心、浙大—中国安防智慧能源研发基地等生态产业和生态研发项目为开端，形成了生产、生活、生态"三生共融"的创新生态体系。酷玩小镇政府，依托东方山水乐园和浙江国际赛车场两个核心项目，并使之与已建的鉴湖高尔夫球场、乔波滑雪馆，以及在建的若航直升机场、天马(F2)赛车场等项目相结合，形成"酷玩"主题。这些例子说明，通过引入龙头企业打造一个以核心企业为依托、企业与企业间的相互联系，并采用众筹等手段、带动相关企业进入的"项目包"，以"大项目支撑，小项目扩张"的方式，将这些项目列入规划中，通过从直接引导到实际项目落实的路径来建设特色小镇，可以取得较好的效果。

1.8.3 龙头企业主导

目前，浙江省提出的"政府引导、企业主体、市场化运作"模式已经成为基本共识。该省规定，自项目申报开始，就需要明确非政府类投资主体，这有利于按照产业发展规律和市场化机制谋划小镇建设时序。建设启动期,由政府主导基础设施和重要公共服务设施建设,通过政府先期投入来引导企业共同推动小镇的早期建设。建设中后期,政府充分利用浙江雄厚的民营资本,以市场运作方式,结合 PPP 模式,建设经营性设施,为特色小镇的可持续发展提供运营保障。在这个理念下形成的模式在具体操作时,企业的主体地位需要龙头企业才能得到体现。因此,好的运作模式是,小镇的主导产业需要一个好的龙头企业。尤其对制造业和农产品企业而言,龙头企业具有市场力量强大、资金实力雄厚的特点,既有能力建设大项目,又有能力布局产业链。例如,吉利主导了浙江台州沃尔沃小镇;绍兴黄酒集团主导了浙江绍兴东浦镇的黄酒小镇;乌镇旅游股份有限公司主导了浙江乌镇;北京古北口等小镇是相关地区的主导产业;杭州富阳硅谷小镇以深圳天安数码城集团为投资主体,建设了中国智慧体育产业基地、龙晖水上乐园、雄迈科技、圣鸿工业设计园、浙大网新等一批重量级新兴产业项目,总投资额超过 130 亿元,并成功吸引中科院自动化数字中心、深信科技、柏特科技、宏达工贸科技等 43 家企业、海归创业项目 4 个、商业项目 9 个。随着龙头企业主导地位的进一步巩固,商会作用日益增强,也会形成政府牵头与商会(协会)共同主导的新模式。如浙江海宁皮革小镇,由海宁中国皮革城股份有限公司和浙江钱塘江投资开发有限公司联合主导;海盐核电小镇由中国核建集团、中国能建集团、中国核电工程公司开发建设;桐乡毛衫时尚小镇由濮院旅游公司、华新实业集团、浙江濮院轻纺城市场开发有限公司、濮院毛衫发展公司等组团式开发;嘉善巧克力小镇,由嘉善大云文化生态旅游发展有限公司、斯麦乐集团、康辉集团、梦东方文化投资有限公司等联合投资建设。

政府主导是指政府主要对淘汰产业进行整合,为新产业腾出空间。云栖小镇采用了"政府主导、民企引领、创业者为主体"的运作模式。民企引领的具体做法是龙头企业为众多创新创业型小微企业建设基础设施和创新平台。例如,阿里小镇利用阿里巴巴的云服务能力、淘宝天猫的互联网营销资源和富士康的工业 4.0 制造能力,以及 Intel、中航工业、洛可可等大企业的核心能力,打造了全国独一无二的创新服务基础设施,并以创业者的需求为目标,构建了产业生态圈。利用这个生态圈,云栖小镇举办了全球规模最大的云计算及 DT 时代技术分享盛会。

"2015年杭州云栖大会"吸引了来自全球的2万多名开发者以及20多个国家的3 000多家企业参与。

杭州玉皇山基金小镇中既有龙头企业，也有很多服务企业，如私募中介服务机构(证券公司、期货公司、信托公司、银行财富管理部门、公募基金)、辅助性产业、共生性产业和配套支持部门等，共同构成了五层次的产业生态圈。生态圈内的核心决策者是龙头企业和行业协会。在招商引资过程中，政府发挥龙头企业的引领作用，引入知名的私募金融机构，有效带动了产业的快速聚集。

河北省馆陶县寿东村以"粮画"而闻名，村中墙壁上张贴着用五谷杂粮制作而成的绘画和充满乡土气息的农家画，村子处处悬挂着富有艺术感的粮食画。他们的运作模式是，政府统一招商、牵线搭桥，为小镇选择了龙头企业——海增粮画公司，以粮画生产项目带领全村共建"粮画小镇"。

该项目占地16亩，总投资100多万元，基地建有粮食画展厅、加工车间、粮画体验厅、五谷餐厅等生产、包装、体验一条龙设施。生产粮食画的馆陶海增粮艺有限公司，目前有工人120名，年生产能力达到1 000幅，在唐山、太原、郑州、济南、广州、深圳设立了销售网点，产品远销加拿大、美国、德国等国家。目前，寿东村粮画加工户已达到67户，每户每年增收1.5万元，辐射带动周边姚庄、东浒演、西浒演、寿南、寿北、东朱庄等10多个村庄的300户群众从事粮画制作，实现了产业和文化深度融合，该镇也成了北方少有的特色小镇。

1.8.4 房地产开发主导

我国前三十年的城镇化基本是由房地产推动的城镇化，造成了资源浪费、环境污染、公共设施匮乏、传统文化衰落等问题。在以城乡统筹、城乡一体、产城互动、土地集约、生态宜居、和谐发展为基本特征的新型城镇化趋势下，"让城市融入大自然，让居民望得见山、看得见水、记得住乡愁"也成了房地产开发的理念。因此，很多业内人士认为以"文化旅游"为主要功能的特色小镇，是房地产新的增长点。但是，房地产开发建设的文旅小镇多数沿袭了原来的开发模式，政府将所有事宜交给房地产开发商，导致整个地区的基础设施和公共服务严重滞后。

以泛旅游产业为支撑的房地产开发，一般有两种模式。一种是在大城市周边、主要针对大城市高端人群、以休闲度假为目的开发的度假型小区。由于购房用途仅为休假，使用时间有限，因而房屋出售后，基本无产业或仅有季节性消费，与本地居民无关。这样的小镇完全脱离了当地发展，不是严格意义上的城镇。这种新的房地产开发形式，同样是一种"造镇"运动。另一种是围绕著名景点开发的度假休闲住宅或酒店。由于这类景点在空间分布上较分散，开发商只管自身楼盘建设，区域整体基础设施滞后，房屋使用率不高。即使是同一个景区，也会因为缺乏跨行政区的地区发展规划和旅游规划，开发商建设各自为战，围绕风景区的零散开发与建设混乱现象较为普遍，同一个小区甚至一栋楼一个风格。另外，房屋出售后，后续工作往往缺乏统一管理，经营混乱。如云南抚仙湖风景区，周围有若干乡镇，各乡镇纷纷吸引地产商开发度假酒店，有的在一个村子就建设了若干个大型酒店，且每个酒店都自成体系，互相之间缺乏统一性与整体性，有的则开设农家旅店，总体建设规模大、层次参差不齐，导致整个景区"文旅小镇"泛滥。而且这些酒店除了旅游黄金季节外，其余时间全部处于闲置状态。这种开发模式，同样是人工"造镇"。

可见，以房地产开发为主导的小镇建设，由于地产商的赢利目的与地区发展不一致，只能是短期行为，如果让房地产企业对地区长期可持续发展负责，这对房地产企业不公平。地产开发商只能是地区开发建设的承担者，而不是地区产业发展的主导者。另外，地产商的开发模式以赢利为目的，容易导致过度使用文化和随意开发文化资源，带来建设性破坏。特色小镇重在对已有城镇发展基础的改造以及保护性建设，而不是新空间的扩张。因此，特色小镇一般不需要地产开发，更不需要从土地一级开发入手。地产开发商的介入，必须是为产业和本地居民的生产与生活服务，在旧城改造和田村改造的基础上建设与开发。房地产企业应该与各类企业尤其是中小企业、实体经济企业和创新型企业进行合作，而且在合作过程中，实体经济和生产企业是主体，地产企业仅是配角，而不应该是地产开发商以某产业命名，然后首先甚至仅进行房地产开发。由于特色小镇的居民规模很小，房地产开发商应该将自己定位于特色小镇建设的服务者，以开发商业建筑为主；善于改善边缘的商业用地和改造性建设而不是新开发用地，以实惠低廉的商业房产吸引后续的商业入驻，从而带动土地升值，激发小镇的商业潜力。从这个角度来看，房地产开发商与政府角色类似，是前期建设的服务者而不是主导者。

事实上，自从提出特色小镇后，最积极的首推房地产界，多家房企扎堆试水特色小镇建设。如华夏幸福与南京市溧水区政府达成协议，要用占地2平方公里的规模打造亚洲空港专业会展中心，虽然该项目是与法国智奥会展集团合作，但会展产业在该地是零基础，后续的城镇建设和可持续发展受到质疑。碧桂园与东莞市黄江镇签订了科技小镇计划，但房子建成后，科技企业是否愿意迁往该镇还未知可否，小镇如果没有居民，产业如何进行？绿城公司相关人士透露他们要在未来5~10年内在上海、杭州、北京周边打造出5~10个样本小镇，其实这些小镇全部是房地产项目，没有当地产业和居民，只是名称换成了小镇而已。华侨城也从文旅小镇概念出发加入造镇行列。2016年，该公司与成都金牛区政府、大邑县政府和双流区政府、成都文旅集团和深圳天安区政府签署合作协议，拟分别占地10平方公里、15平方公里、16.68平方公里和11平方公里打造天回、安仁、黄龙溪三大小镇和深圳光明小镇。其实，上述这些小镇都不是所在地区的核心聚集区，而是周边未开发空地，毫无地区发展延续性。这些以房地产建设为主导的开发模式，没有本地居民、没有任何产业聚集，更没有文化基础和历史积淀，根本做不了地区聚集核心；景观全部是人为打造，根本谈不上"产城"融合、"人城"融合、"产人"融合。如果政府采取房地产开发主导模式，那么其实就是另一种形式的房地产开发，与特色小镇目标背道而驰。

第 2 章 生态文明的内涵要求

党的十八大提出了生态文明建设的战略思想,使中国特色社会主义形成了经济建设、政治建设、文化建设、社会建设、生态文明建设"五位一体"的战略布局。要正确把握生态文明建设的内涵要求,需要了解生态文明建设提出的背景,明确生态文明建设的意义。

2.1 生态文明建设提出的背景

生态文明建设是顺应世界发展潮流作出的正确选择,我国的基本国情决定了我们只能把经济发展与生态环境保护结合起来,在建设社会主义物质文明、政治文明、精神文明、社会文明的同时,建设生态文明,这样才能如期实现"两个一百年"的奋斗目标。

2.1.1 当今世界的发展理念和发展实践是生态文明建设提出的时代背景

党的十八大提出建设生态文明的战略思想,使中国特色社会主义建设形成了经济建设、政治建设、文化建设、社会建设、生态文明建设"五位一体"的战略布局。

党的十八大报告指出：建设生态文明，是关系人民福祉和民族未来的长远大计。面对资源约束趋紧、环境污染严重、生态系统退化的严峻形势，必须树立尊重自然、顺应自然、保护自然的生态文明理念，把生态文明建设放在突出地位，融入经济建设、政治建设、文化建设、社会建设各方面和全过程，努力建设美丽中国，实现中华民族的永续发展。党的十九大报告指出：建设生态文明是中华民族永续发展的千年大计。必须树立和践行"绿水青山就是金山银山"的理念，坚持节约资源和保护环境的基本国策，像对待生命一样对待生态环境。统筹山水林田湖草系统治理，实行最严格的生态环境保护制度，形成绿色发展方式和生活方式，坚定走生产发展、生活富裕、生态良好的文明发展道路，建设美丽中国，为人民创造良好的生产生活环境，为全球生态安全作出贡献。党的十八大、十九大之所以把生态文明建设纳入中国特色社会主义的总体布局中，有其鲜明的时代背景。

生态文明建设战略思想提出的时代背景，一是当今世界发展理念的变化，二是当今世界发展实践的要求。

在人类社会发展的初期，由于生产力的落后，人类从自然界获得的物质资料是极其有限的，很难满足人类生存的需要，更谈不上满足人类发展的需要。

在此背景下，人类只要能够从自然界获取物质资料，满足自身生存的需要，就不会考虑对资源和环境的破坏。人类进入资本主义社会后，特别是工业革命以后，社会生产力得到了快速发展，人们从自然界获取物质生活资料的能力大大增强，人们的生活水平得到了一定程度的改善和提高。但是，当时人们在发展过程中没有意识到生态环境对改善生活品质、提高生活质量的重要性，认为只要物质财富增加了，人们的生活水平就能够得到提高，生活品质就会得到改善。

在此发展理念的支配下，人们就无视对资源和环境的破坏，无限度地从自然界索取物质财富，造成了对资源和环境的破坏。同时，由于生产力水平的提高，在从自然界获取物质生活资料能力提高的同时，对自然和环境破坏的程度也在增强。人们在生产发展的同时对资源和环境造成破坏的恶果在社会发展的过程中逐渐显现出来，不仅影响到社会的协调发展，也影响到人们生活品质的改善和生活质量的提高。人类对资源环境的破坏给人类社会发展带来危害，也给人类自身发展带来了危害，迫使人们更新发展理念，在发展生产的同时加强对资源和环境的保护，实现人与自然的和谐发展。正是适应社会发展理念的变化，我们才提出了生态文明建设的战略思想。

在过去数百年的时间里，西方发达国家走的是一条"先浪费后节约，先污染后治理"的发展道路。这条发展道路给人类社会发展带来了极大的危害，不仅浪费了大量的资源，而且对人类赖以生存和发展的生态环境、对经济社会的可持续发展造成了极大的破坏，甚至影响到人类的生存和发展。据相关统计资料显示，当今的工业化国家，人口仅占世界的15%，而工业化进程中却消耗了世界60%的矿产资源和40%的能源，并在消耗矿产资源和能源的过程中对生态环境造成了极大破坏。当人们逐渐感受到生态环境恶化对社会发展及自身发展危害的时候，就开始逐渐调整发展方式，开始把经济社会发展同资源的节约利用和环境保护结合起来，注重在经济发展的过程中对资源的节约和对环境的保护。目前，世界上绝大部分国家，特别是发达国家，在经济发展的过程中，都比较重视生态环境保护，比较注重资源的节约利用。我国提出生态文明建设的战略思想，顺应了世界发展实践的要求，是世界新的发展理念和实践要求在我国经济社会发展中的具体体现。

2.1.2 我国的基本国情是生态文明建设提出的现实基础

十八大报告在论述生态文明建设时指出："面对资源约束趋紧、环境污染严重、生态系统退化的严峻现实，必须树立尊重自然、顺应自然、保护自然的生态文明理念，把生态文明建设放在突出位置，融入经济建设、政治建设、文化建设、社会建设的各方面和全过程。"在传统意义上，我国是一个地大物博、人口众多的国家，但从资源方面看，我国并不能真正称得上地大物博。我国的自然资源，从经济社会发展的需要看，不同程度地存在短缺的问题，资源约束越来越制约着我国经济社会的发展。在经济社会发展中，土地、淡水、能源是三大战略性资源，而我国的土地、淡水、能源不同程度地存在短缺的问题。

从土地方面的情况看，我国的人口占世界的18.6%，土地面积却只占世界的7%左右，人均耕地面积不到世界平均水平的一半，在人口超过5 000万的国家中排名倒数第二位。我国有限的耕地面积不但受到城市扩张、产业扩张、人口扩张的吞噬,而且受到水土流失和荒漠化的威胁。根据相关资料,目前我国荒漠化土地面积为262.2万平方千米,约占国土面积的27.3%,而且荒漠化土地面积仍以每年2460平方千米的速度扩展,近4亿人口受到荒漠化的影响。

从淡水资源看,我国的人均淡水量为2250立方米,是世界人均淡水量的25%左右,是世界上13个最贫水的国家之一。并且,我国淡水资源分布极不平衡,有16个省市区低于年人均2000立方米,有6个省市区低于年人均500立方米。

从能源看,我国能源总量比较丰富,但存在人均占有量低、分布不合理、开采难度大、结构不合理等方面的问题。比如,我国的煤炭资源主要集中在华北和西北的山西、陕西及内蒙古西部,且大部分需要井工开采,开采有一定的难度,开采的成本比较高。我国能源结构禀赋不合理,总体结构是富煤、贫油、少气。从总体上看,我国的能源难以满足经济社会发展的需要,主要能源——石油的对外依存度较高,2006年,我国石油进口依赖度超过了50%,石油消费总量居世界第一位。此外,由于我国能源分布不合理,导致我国能源在使用上形成了长距离、大跨度的"北煤南运、西气东输、西电东送"格局,影响了我国能源使用的效益,增加了能源使用的成本。

从环境方面看,改革开放40年来,我国经济社会得到了快速发展,综合国力显著增强,人民群众的生活水平得到了大幅度的提高。但是,我国经济社会发展所取得的成绩,相当一部分是通过过度消耗资源和对环境的破坏换来的,致使西方发达国家在100年中分阶段出现的环境问题在我国20多年的时间里集中显现。我国在环境方面出现的问题,不仅使环境难以支撑经济社会持续稳定的发展,而且在环境问题上升为全球问题的背景下,影响了我国的对外贸易的发展。目前,在国际贸易方面,发达国家已经开始对我国设置绿色贸易壁垒,影响了我国对外贸易的发展。

我国所进行的社会主义现代化,已经不具备西方工业化初期的发展环境,所面临的资源约束和环境挑战比任何一个大国在工业化初期所遇到的都更加严峻。如果不加快产业结构调整,不改变"高消耗、高排放、难循环、低效率"的增长模式,将导致资源支撑不住、环境容纳不了、社会承受不了,经济社会难以实现持续稳定的发展。十八大将生态文明建设纳入我国社会主义建设的总体布局中,就是要从源头上扭转环境恶化的趋势，为我国经济社会的可持续发展，为"两个一百年"奋斗目标的实现提供环境和资源的支撑。

2.1.3 生态文明建设是实现

"两个一百年"奋斗目标的现实需求按照我国经济社会发展的战略，我们要实现"两个一百年"的奋斗目标，即在中国共产党成立一百年的时候，全面建成小康社会，到21世纪中叶中华人民共和国成立一百年的时候，实现中华民族伟大复兴，把我国建设成为一个富强、民主、文明、和谐、美丽的社会主义国家。

要实现"两个一百年"的奋斗目标，不仅需要进行经济建设、民主政治建设、文化建设、社会建设，还需要进行生态文明建设，使中国特色社会主义形成经济建设、政治建设、文化建设、社会建设、生态文明建设"五位一体"的战略布局。开展生态文明建设，是实现"两个一百年"奋斗目标的现实需求。

从经济建设看，以经济建设为中心是党在社会主义初级阶段的基本路线的核心内容，只有推动经济又好又快发展，才能筑牢国家富强、人民幸福、社会和谐的物质基础，才能为政治建设、文化建设、社会建设提供物质条件。但是，要使经济保持持续稳定的增长，需要有自然资源的支持和生态环境的支撑。如果不进行生态文明建设，还是依靠大量消耗自然资源和破坏生态环境来换取经济的发展，我国有限的自然资源和脆弱的生态环境就支撑不了经济持续稳定的增长，最终会影响到"两个一百年"奋斗目标的实现。从民主政治建设看，人民民主是我们党始终高扬的光辉旗帜，发展社会主义民主政治是我们党始终不渝的奋斗目标。民主政治建设是要建设政治文明，政治文明和生态文明是紧密相连的，生态文明建设不仅会为政治文明建设提供一个良好的生态环境，而且会促进人们文明素质的提高，从而起到推进政治文明建设的作用。从文化建设的角度看，文化是民族的血脉，没有社会主义文化的繁荣和发展，就不可能实现"两个一百年"的奋斗目标。生态文明建设中，有诸多的文化因素，开展生态文明建设，不仅能够为文化建设提供一个良好的生态环境，而且生态文明建设中的文化因素会对社会主义文化建设起到促进作用，促进社会主义文化的繁荣与发展，提高我国文化的软实力，满足人民群众日益增长的美好生活的需要。

从社会建设的角度看，生态环境是社会的一部分，社会是在一定的生态环境中建设和发展的，社会建设和生态文明建设是相互作用、相互促进的。开展生态文明建设，对社会主义和谐社会建设会起到积极的作用，促进人与人、人与社会、人与自然的和谐发展。综上所述，要顺利实现"两个一百年"的奋斗目标，需要开展生态文明建设，并把生态文明建设融入经济建设、政治建设、文化建设、社会建设的各个方面，融入经济建设、政治建设、文化建设、社会建设的全过程中。

从"五位一体"的总体布局出发，为把生态文明建设放在更加突出的地位，发挥生态文明建设在中国特色社会主义建设中的作用，需要注意以下三个方面的问题：一是弘扬共容精神，守护共生理念。共容方能共存，共存方能共生，我们不仅要学会与他人共容共生，而且要学会与自然万物共容共生，尊重与促进文化与自然的多样性统一。二是要始终坚持节约资源和保护环境的基本国策，坚持节约优先、保护优先、自然恢复为主的方针。要着力推进绿色发展、循环发展、低碳发展，形成节约资源和保护环境的空间格局、产业结构、生产方式、生活方式，从源头上解决资源集约节约利用及保护环境的问题。三是要加快实施生态主体功能区发展战略，加快新能源和可再生能源的开发利用，加大自然生态系统和环境保护力度，加强生态文明的制度建设，创新管理体制机制，着力提高经济社会发展与人口、资源、环境关系进行统筹协调的科学性、有效性。

从"五位一体"的总体布局出发，为把生态文明建设融入经济建设、政治建设、文化建设、社会建设的各个方面，融入经济建设、政治建设、文化建设、社会建设的全过程，生态文明建设应坚持不懈地致力于"一个构建"和"八个推进"。即以核心价值构建为灵魂，以思维方式生态化推进为先导，以经济发展方式的生态化推进为基础，以科学技术的生态化推进为动力，以法治的生态化推进为保障，以城乡一体的生态化推进为载体，以消费方式的生态化推进为牵引，以文学艺术的生态化推进为催化，以人格的生态化推进为归属。其中，核心价值的构建、思维方式和人格的生态化推进属于主体进程范畴，科学技术、经济发展方式、消费方式、城乡建设、法治保障和文学艺术的生态化推进属于客体进程范畴。两大进程彼此关联，构成一个有机整体。无论是主体进程还是客体进程，既是一个复杂的系统工程,又是一个长期的历史过程,需要全社会的通力协作和不懈努力。按照党的十九大的战略部署,我国一定能够走出一条有中国特色的生态文明发展道路,促进社会的全面进步和人的全面自由发展。

2.2 生态文明建设的内涵要求

在建设生态文明建设的过程中,我们需要在了解生态文明含义的基础上,正确理解和把握生态文明建设的内涵要求,明确我国生态文明建设的具体目标。

2.2.1 生态文明的含义

1.生态文明的含义

生态文明,是指人类遵循人、自然、社会和谐发展这一客观规律而取得的物质与精神成果的总和;是指人与自然、人与人、人与社会和谐共生、良性循环、全面发展、持续繁荣为基本宗旨的文化伦理形态。

生态文明是人类文明的一种形态,它以尊重和维护自然为前提,以人与人、人与自然、人与社会和谐共生为宗旨,以建立可持续的生产方式和消费方式为内涵,以引导人们走上持续、和谐的发展道路为着眼点。生态文明强调人的自觉与自律,强调人与自然环境的相互依存、相互促进、共处共容,既追求人与生态的和谐,也追求人与人的和谐,而且人与人的和谐是人与自然和谐的前提。

可以说,生态文明是人类对传统文明形态特别是工业文明进行深刻反思的成果,是人类文明形态和文明发展理念、道路和模式的重大进步。

对生态文明的含义,可以从以下四个方面理解:第一,从广义的角度理解,把生态文明看作是人类社会的一个发展阶段。

人类至今已经历了原始文明、农业文明、工业文明三个阶段,在对自身发展与自然关系深刻反思的基础上,人类即将迈入生态文明阶段。广义的生态文明包括多层含义：一是在文化价值上，树立符合自然规律的价值需求、规范和目标，使生态意识、生态道德、生态文化成为具有广泛基础的文化意识；二是在生活方式上，以满足自身需要又不损害他人需求为目标，践行可持续消费；三是在社会结构上，将生态化渗入社会组织和社会结构的各个方面，追求人与自然的良性循环。

第二，从狭义的角度理解，把生态文明看作社会文明的一个方面。生态文明是继物质文明、精神文明、政治文明之后的第四种文明。物质文明、精神文明、政治文明与生态文明一起，共同支撑和谐社会的大厦。其中，物质文明为和谐社会奠定雄厚的物质保障，政治文明为和谐社会提供良好的社会环境，精神文明为和谐社会提供智力支持，生态文明是现代社会文明体系的基础。狭义的生态文明要求改善人与自然关系，用文明和理智的态度对待自然，反对粗放利用资源，建设和保护生态环境。

第三，把生态文明理解为一种发展理念。生态文明与"野蛮"相对，指在工业文明已经取得成果的基础上，用更文明的态度对待自然，拒绝对大自然进行野蛮与粗暴的掠夺，积极建设和认真保护良好的生态环境，改善和优化人与自然的关系，从而实现经济社会可持续发展的长远目标。

第四，从制度属性的角度理解生态文明，把生态文明看作是社会主义的本质属性。生态问题实质是社会公平问题，受环境灾害影响的群体是更大的社会问题。资本主义的本质使它不可能停止剥削而实现公平，只有社会主义才能真正解决社会公平问题，从而在根本上解决环境公平问题。因此，生态文明只能是社会主义的，生态文明是社会主义文明体系的基础，是社会主义基本原则的体现，只有社会主义才会自觉承担起改善与保护全球生态环境的责任。

2.生态文明的核心要素

生态文明的核心要素是公正、高效、和谐和人文发展。公正，就是要尊重自然权益实现生态公正，保障人的权益实现社会公正；高效，就是要寻求自然生态系统具有平衡和生产力的生态效率、经济生产系统具有低投入、无污染、高产出的经济效率和人类社会体系制度规范完善运行平稳的社会效率；和谐，就是要谋求人与自然、人与人、人与社会的公平和谐，以及生产与消费、经济与社会、城乡和地区之间的协调发展；人文发展，就是要追求具有品质、品位、健康、尊严的崇高人格。公正是生态文明的基础，效率是生态文明的手段，和谐是生态文明的保障，人文发展是生态文明的终极目的。

2.2.2 生态文明的内涵

"生态"一词源于古希腊文字，意思是指家或者人类生存的环境。简单说，生态建设指一切生物的生存状态以及它们之间和与环境之间的关系。

"文明"是指人类社会所创造的一切财富的总和，既包括物质财富，也包括精神财富。

文明是指人类在认识世界和改造世界的过程中逐渐形成的思想观念以及不断进化的人类本性的具体体现。生态文明的基本内涵可以从三个方面理解：一是人与自然的关系；二是生态文明与现代文明的关系；三是生态文明建设与时代发展的关系。在理解生态文明建设内涵时，需要注意以下三个方面的内容：一是生态文明体现了人与自然的和谐关系，是认识自然、尊重自然、顺应自然、保护自然、合理利用自然，反对漠视自然、糟践自然、滥用自然、盲目干预自然的理念，是人与自然和谐相处的文明。二是生态文明是现代人类文明的重要组成部分。生态文明是物质文明、政治文明、精神文明、社会文明的重要基础和前提，没有良好和安全的生态环境，其他文明就会失去载体。三是生态文明是同时代发展紧密相连的。2005年，我国政府率先推出了"生态文明"这一新的发展理念，并不断赋予其新的内涵。2007年10月，党的十七大把建设生态文明列为全面建成小康社会的目标之一，作为一项战略任务确定下来；2009年9月，党的十七届四中全会把生态文明建设提升到与经济建设、政治建设、文化建设、社会建设并列的战略高度，作为中国特色社会主义总体布局的有机组成部分。

2010年10月，党的十七届五中全会提出要把"绿色发展，建设资源节约型、环境友好型社会"，"提高生态文明水平"作为"十二五"期间的重要战略任务。2012年，党的十八大提出，建设生态文明，是关系人类福祉、关乎民族未来的长远大计。把生态文明建设放在突出地位，融入经济建设、政治建设、文化建设、社会建设的各方面和全过程。2017年，党的十九大报告提出建设"美丽中国"的目标,党的十九大报告指出:"我们要建设的现代化是人与自然和谐共生的现代化,既要创造更多的物质财富和精神财富以满足人民群众日益增长的美好生活需要,也要提供更多优质生态产品以满足人们日益增长的优美生态环境需要。""必须坚持节约优先、保护优先、自然恢复为主的方针,形成节约资源和保护环境的空间格局、产业结构、生产方式、生活方式,还自然以宁静、和谐、美丽。"时代要求把生态文明理念与道德准则贯穿于经济、社会、民主、人文、民生、资源、环境各个领域,发挥导向、驱动作用,使所有的发展都体现生态文明的要求——新的文明时代的特点。

2.2.3 我国生态文明建设的战略任务

党的十九大报告从四个方面提出了我国生态文明建设的战略任务。

第一,推进绿色发展。加快建立绿色生产和消费的法律制度和政策导向,建立健全绿色低碳循环发展的经济体系。构建市场导向的绿色技术创新体系,发展绿色金融,壮大节能环保产业、清洁生产产业、清洁能源产业。推进能源生产和消费革命,构建清洁低碳、安全高效的能源体系。推进资源全面节约和循环利用,实施国家节水行动,降低能耗、物耗,实现生产系统和生活系统循环链接。倡导简约适度、绿色低碳的生活方式,反对奢侈浪费和不合理消费,开展创建节约型机关、绿色家庭、绿色学校、绿色社区和绿色出行等活动。

第二,着力解决突出环境问题。坚持全民共治、源头防治,持续实施大气污染防治行动,打赢蓝天保卫战。加快水污染防治,实施流域环境和近岸海域综合治理。强化土壤污染管控和修复,加强农业面源污染防治,开展农村人居环境整治行动。加强固体废弃物和垃圾处置。提高污染排放标准,强化排污者责任,健全环保信用评价、信息强制性披露、严惩重罚等制度。构建政府为主导、企业为主体、社会组织和公众共同参与的环境治理体系。积极参与全球环境治理,落实减排承诺。

第三,加大生态系统保护力度。实施重要生态系统保护和修复重大工程,优化生态安全屏障体系,构建生态廊道和生物多样性保护网络,提升生态系统质量和稳定性。完成生态保护红线、永久基本农田、城镇开发边界三条控制线划定工作。开展国土绿化行动，推进荒漠化、石漠化、水土流失综合治理，强化湿地保护和恢复，加强地质灾害防治。完善天然林保护制度，扩大退耕还林还草。严格保护耕地，扩大轮作休耕试点，健全耕地草原森林河流湖泊休养生息制度，建立市场化、多元化生态补偿机制。

第四，改革生态环境监管体制。加强对生态文明建设的总体设计和组织领导，设立国有自然资源资产管理和自然生态监管机构，完善生态环境管理制度，统一行使全民所有自然资源资产所有者职责，统一行使所有国土空间用途管制和生态保护修复职责，统一行使监管城乡各类污染排放和行政执法职责。构建国土空间开发保护制度，完善主体功能区配套政策，建立以国家公园为主体的自然保护地体系。坚决制止和惩处破坏生态环境行为。

2.3 我国生态文明建设的意义及举措

生态文明建设不仅在我国经济社会发展中具有重要的作用，而且具有十分重要的理论意义和现实意义。从理论方面看，生态文明建设体现了科学发展观的客观要求，标志着我们对中国特色社会主义的认识达到了一个新的境界，丰富和发展了中国特色社会主义理论。从实践方面看，生态文明建设不仅会促进我国生产方式的巨大变革，而且会促进生活方式的巨大变化。

2.3.1 生态文明建设的重要性及紧迫性

习近平同志在中央政治局第六次集体学习时指出："生态环境保护是功在当代、利在千秋的事业。要清醒认识保护生态环境、治理环境污染的紧迫性和艰巨性，清醒认识加强生态文明建设的重要性和必要性，以对人民群众、对子孙后代高度负责的态度和责任，为人民创造良好生产生活环境。"对习近平同志关于生态文明建设重要性和紧迫性的认识,可以从以下四个方面来理解。

第一,从理论认识和发展层面来看,习近平同志关于生态文明建设的理论论述,是我们党对生态环境认识发展到成熟阶段的产物,是中国特色社会主义理论体系的组成部分。我们党对生态文明建设的认识伴随着社会主义现代化建设的实践而不断深化。在党的十六大上,以胡锦涛同志为总书记的党中央以科学发展观为指导,提出了建设生态文明的战略思想。党的十七大把"建设生态文明"列入全面建设小康社会奋斗目标的新要求。党的十八大把科学发展观确立为我们党必须长期坚持的指导思想,强调科学发展观是中国特色社会主义理论体系的最新成果,是中国共产党集体智慧的结晶,是指导党和国家全部工作的强大思想武器。党的十八大将生态文明建设摆在更加突出的位置,把生态文明建设提升到"五位一体"总体布局的战略高度并做出全面部署。党的十九大第一次单列一个部分对生态文明建设加以论述,并将有关内容和要求写入新修订的党章,提出大力推进生态文明建设,建设美丽中国,实现中华民族永续发展。

第二,从理论认识和发展层面来看,习近平同志关于生态文明建设的理论论述,是其系列讲话的重要组成部分,是关系人民福祉、关乎民族未来和实现中华民族伟大复兴"中国梦"的重要内容。2013年9月7日,习近平同志在哈萨克斯坦纳扎尔巴耶夫大学回答学生问题时指出:"建设生态文明是关系人民福祉、关系民族未来的大计。我们既要绿水青山,也要金山银山。宁要绿水青山,不要金山银山,而且绿水青山就是金山银山。"蓝天白云、绿水青山是可持续发展的基础,良好的生态环境本身就是生产力。关于"金山银山"和"绿水青山"的论述,创造性地回答了经济发展与资源环境之间的关系,有助于深刻把握经济社会可持续发展规律、自然资源永续利用规律和生态环保规律,破解人与自然日益突出的尖锐矛盾。习近平同志指出:"走向生态文明新时代,建设美丽中国,是实现中华民族伟大复兴的中国梦的重要内容。"保护生态环境、进行生态文明建设,关系最广大人民群众的根本利益,是民意所在、民心所向。生态环境问题日益成为最关心的民生问题,从"盼温饱"到"盼环保",从"求生存"到"求生态",是每个人"中国梦"的重要组成部分。清醒认识加强生态文明建设的重要性和必要性,以对人民群众和子孙后代高度负责的态度,保护生产力、改善生态环境。

第三，生态文明建设是我们党提高执政能力的重要体现。习近平同志强调："全党面临的一个重要课题，就是如何正确认识和妥善处理我国发展起来后不断出现的新情况新问题。"我国经过 30 多年的快速发展，积累下来的生态环境问题日益显现，进入高发频发阶段，空气污染、水污染、土壤污染严重。这些突出的环境问题对人民群众生产生活、身体健康带来严重影响和损害，引发了大量矛盾和冲突。面对人民群众对环境保护的期待和诉求，必须把生态文明建设作为增强党的执政能力、巩固党的执政基础的一项战略任务，持之以恒加以推进，不断抓出成效。习近平同志在海南考察时指出："良好生态环境是最公平的公共产品，是最普惠的民生福祉。"随着经济社会的快速发展，人民群众对干净的水、新鲜的空气、洁净的食品、优美宜居的环境等方面的要求越来越高。

第四，加强生态文明建设也是着眼长远，实现中华民族可持续发展的基本要求，拓展了中国特色社会主义事业的发展领域和范畴，是我们党坚持以人为本、执政为民，维护最广大人民群众根本利益特别是环境权益的集中体现，是中国特色社会主义应有之义。中国特色社会主义社会，既是经济发达、政治民主、文化先进、社会和谐的社会，又是生态环境良好的社会。生态文明是实现经济发达、政治民主、文化先进、社会和谐的前提，只有把生态文明建设融入经济建设、政治建设、文化建设、社会建设的全过程，才能更好地坚持和发展中国特色社会主义，为全面建成小康社会和实现中华民族伟大复兴提供基础。

此外，我们党提出生态文明建设，也是顺应世界潮流，积极在国际环境保护领域承担责任，展示了负责任的大国形象，有助于在未来国际对话中获得话语权和主动权。

2.3.2 生态文明建设的意义

1.生态文明建设的理论意义

(1)生态文明建设体现了科学发展观的内在要求

科学发展观是中国特色社会主义的一个重要理论成果，对我国经济社会的发展起着重要的作用。生态文明建设与科学发展观的本质要求是从尊重和维护生态环境出发，强调人与自然、人与人、经济与社会协调发展；以可持续发展为依据；以生产发展、生活富裕、生态良好为基本原则，以人的全面发展为最终目标。生态文明作为社会文明的生态化表现，体现了科学发展观的内在要求，对促进科学发展观的贯彻落实具有重要作用。

第一，生态文明体现了科学发展观发展的第一要义。在综合国力竞争日趋激烈的背景下，只有坚持以经济建设为中心，一心一意谋发展，才能不断增强综合国力，为党抓好执政兴国的第一要务，为全面协调的生态文明建设打下物质基础，才能更好地解决生态文明建设过程中的一系列矛盾和问题，才能如期实现"两个一百年"的奋斗目标。生态文明体现的是一种持续的、合理的、科学的发展，需要生产、生活、生态等方面达到较高的文明程度。因此，胡锦涛同志指出："树立和落实科学发展观，必须始终坚持以经济建设为中心，聚精会神搞建设，一心一意谋发展，科学发展观，是用来指导发展的，不能离开发展这个主题，离开了发展这个主题就没意义了。"离开了发展，生态文明建设也就成为无源之水、无本之木。

第二，生态文明体现了科学发展观以人为本的核心。科学发展观的核心是以人为本，它体现在政治、经济、文化和社会发展的各个层面和具体的发展环节上。具体说，以人为本的发展，就是以人的政治需求来确定政治建设的目标，以人的经济需求来确定经济发展的目标，以人的文化需求来确定精神文明建设的目标，以人的生态需求来确定生态文明建设的目标。生态文明建设着眼于人与自然的协调发展，兼顾人类当前利益和长远利益，关注的是最大限度的实现人类自身的利益。此外，生态文明不是狭隘的区域性文明，而是属于全人类的文明。马克思主义认为，人民群众是历史的创造者，有权共享生态文明建设的成果。建设生态文明，是体现人民福祉，关乎民族未来的长远大计，体现了科学发展观的核心理念。

第三，生态文明体现着科学发展观提倡的协调可持续和谐发展。生态文明倡导人与人、人与自然、人与社会的全面协调发展。首先，生态文明要求人类正确认识自身与自然的关系：人类与自然是一个相互依存的整体。生态文明以尊重和维护生态为主旨，利用整体、协调的原则和机制来重新调节人类的生存观念和生态秩序。其次，人与自然关系的生态化依赖于人与人关系的生态化。

人是自然的一部分，人应该清醒地认识到人类并不是自然的主宰。生态文明把包括人类在内的整个自然界作为一个整体，自然各部分之间的联系是有机的、内在的、动态的协调发展。另外，生态文明在追求经济发展的同时，确保人类与自然的和谐共生共荣，而不是以单纯的经济增长为目标，这体现了科学发展观倡导和追求的人与人、人与自然、人与社会的协调发展。

社会的可持续发展意味着，我们在当前的发展中，既要满足当代的需要，又不能损害子孙后代满足他们发展所需要的能力和资源。可持续发展强调资源的永续利用和代际公平。生态文明建设的目的，就是要使人口环境与社会生产发展相适应，使经济建设与资源环境相协调，实现良性循环，走生产发展、生活富裕、生态良好的发展道路。生态文明以尊重和维护生态环境为主旨，以可持续发展为依据，以未来人类持续发展为着眼点，这正是科学发展观可持续发展原则的体现。

(2) 生态文明建设标志着我们党对中国特色社会主义建设的认识达到了一个新的境界

改革开放以来，随着中国特色社会主义实践的推进，中国共产党人对中国特色社会主义事业的认识经历了逐步深化、逐渐全面的过程。20世纪80年代初，面对社会经济政治迅速转型所带来的信仰真空、道德滑坡，邓小平提出了社会主义物质文明和精神文明建设要"两手抓、两手都要硬"，并且形成了"物质文明和精神文明，两手抓，两手都要硬"的现代化新布局。随着时代发展，我们党对建设中国特色社会主义事业规律的认识也在不断深化。江泽民同志在党的十六大报告中明确指出，要不断促进社会主义物质文明、政治文明和精神文明的协调发展，推进中华民族的伟大复兴，从而确立了中国特色社会主义事业总体布局"三位一体"协调发展的战略。随着时代发展，十七大报告提出构建和谐社会的重大任务，强调社会建设的重要性。这样，中国特色社会主义事业的总体布局就由"三位一体"丰富发展为"四位一体"。在十八大报告中我们党在总结改革开放和现代化建设实践经验的基础上，正式把生态文明建设写入党的文献，提出了进行生态文明建设的重大任务，从而使中国特色社会主义总体布局由"四位一体"扩展到"五位一体"。从两个文明都搞好才是中国特色社会主义，再到中国特色社会主义是三个文明协调发展的社会主义，直至今天，形成了经济建设、政治建设、文化建设、社会建设、生态文明建设"五位一体"的总体布局，表明我们党对中国特色社会主义理论体系的丰富和发展，表明我们党对建设中国特色社会主义的规律从认识到实践都达到新的高度。

2.生态文明建设的实践意义

(1)生态文明建设标志着中国特色社会主义进入了一个全新的阶段，将推动生产方式的巨大变革

生态文明建设的提出标志着中国经济发展战略进入一个全新的阶段，将推动生产方式的根本性变革。我国的社会主义建设是在一穷二白的基础上进行的，因而在很长的一段时间里，突出强调的是发展生产的数量和发展的速度。随着生产力的解放和发展，国民经济以世界上少有的速度持续快速发展，人民的生活从温饱不足发展到总体小康。与此同时，我们也逐渐意识到经济发展过程中所存在的一系列问题，这就是高消耗、低效率，我们付出资源、环境的代价太大。在这个阶段，人们逐渐意识到，必须改革生产方式，实现"从粗放型向集约型转变"。发展不是单纯的经济增长，而是社会整体的进步，既包括社会关系方面的进步，也包括自然关系方面的进步。发展不仅要满足当代人的需要，而且要满足子孙后代人的需要。要把"把生态文明建设放在突出地位，融入经济建设、政治建设、文化建设、社会建设各方面和全过程""要按照人口资源环境相均衡、经济社会生态效益相统一的原则，控制开发强度，调整空间结构，促进生产空间集约高效、生活空间宜居适度、生态空间山清水秀，给自然留下更多修复空间，给农业留下更多良田，给子孙后代留下天蓝、地绿、水净的美好家园。"我们的发展，应该是既有金山银山、又有绿水青山的发展。如果说科学发展观的提出是我们党发展理念、发展原则的转变，那么，生态文明建设则不仅仅是社会主义建设理念的又一次升华，而且指明了我国经济发展的正确方向，标志着我国发展战略的历史性转变，显示了国家坚持生产发展、生活富裕、生态良好的文明发展道路的强烈政治意志。因而，社会主义生态文明建设标志着中国经济发展进入新的历史阶段，将涉及生产方式的根本性变革。

(2)生态文明建设标志着中国社会发展进入了一个新的阶段，将推动人民生活方式的巨大变革

生态文明既是生产领域的文明，更是生活领域的文明。生态环境关系每一个人，人人都必须保护生态环境。十八大、十九大报告在都突出强调了我国生态问题的严重性，强调建设生态文明的迫切性，提出要"加强宣传教育，增强全民节约意识、环保意识、生态意识，形成合理消费的社会风尚，营造爱护生态的良好风气"。这是全社会范围内的一次建设生态文明的总动员，必将提高全民族的生态意识，促使全体民众进一步转变生活观念、生活方式，形成从我做起、绿色消费、低碳生活的良好社会风尚。

2.3.3 我国生态文明建设的举措

党的十九大从八个方面具体阐述了我国生态文明建设的举措。

一是将建设生态文明提升为"千年大计"。十九大报告明确指出："建设生态文明是中华民族永续发展的千年大计。"之所以将其上升为千年大计，是因为其中有一个重要原因：虽然过去五年来生态文明建设成效显著，不仅国内生态环境状况得到改善，而且我国已成为全球生态文明建设的重要参与者、贡献者、引领者。但是我国"生态环境保护任重道远"。30多年的经济持续高速增长，带来了很大的资源环境压力，缓解这一压力非短期之功，需要进行持续不断的努力，而且资源节约和生态环境改善无止境，故升为千年大计。

二是将"美丽"纳入国家现代化目标之中。十九大报告明确，到21世纪中叶，"把我国建成富强民主文明和谐美丽的社会主义现代化强国"，"我国物质文明、政治文明、精神文明、社会文明、生态文明将全面提升"。在原来的"富强民主文明和谐"基础上加了"美丽"二字，到此，奋斗目标中就正好包含了"五位一体"总体布局的全部内容了，即将生态建设目标也纳入了。只有将生态文明建设目标纳入国家现代化目标，才能督促各方持续重视生态文明建设。

三是将提供更多"优质生态产品"纳入民生范畴。十九大报告提出，"我们要建设的现代化是人与自然和谐共生的现代化，既要创造更多物质财富和精神财富以满足人民日益增长的美好生活需要，也要提供更多优质生态产品以满足人民日益增长的优美生态环境需要"。"优质生态产品"这个很有新意的概念开始进入人们的视野。习近平同志说过,"环境就是民生",因此,从民生角度看,我们不仅要创造更多的物质和精神产品,而且要提供更多的优质生态产品,来满足人民日益增长的对美好生活、特别是对美丽环境的需求。

四是提出要牢固树立"社会主义生态文明观"。十九大报告从多方面提出了针对生态文明建设的价值观,如"生态文明建设功在当代、利在千秋。我们要牢固树立社会主义生态文明观""必须树立和践行绿水青山就是金山银山的理念,坚持节约资源和保护环境的基本国策,像对待生命一样对待生态环境""人与自然是生命共同体,人类必须尊重自然、顺应自然、保护自然"。特别是首次提出了"社会主义生态文明观",这就从价值、理念层面对生态文明建设提供了支撑。观念引导行动,有什么样的观念就会有什么样的行动。若全社会都树立了良好的生态文明观,则会引导大家都采取有利于生态文明建设的行动,则生态文明建设就会顺利推进。

五是构建多种体系,统筹"山水林田湖草"系统治理。十九大报告提到要建立多个方面的体系,对生态环境进行系统治理。如"建立健全绿色低碳循环发展的经济体系""构建市场导向的绿色技术创新体系""构建清洁低碳、安全高效的能源体系""实现生产系统和生活系统循环链接""优化生态安全屏障体系,构建生态廊道和生物多样性保护网络""构建政府为主导、企业为主体、社会组织和公众共同参与的环境治理体系"等。在这些体系和行动下,对生态系统的各个领域和环节进行系统治理,特别是统筹"山水林田湖草"系统治理。在报告关于新时代中国特色社会主义基本方略中,提出要"统筹山水林田湖草系统治理"。在原来的"山水林田湖"后加了一个"草"字,变成"山水林田湖草",这就更符合生态系统的实际了。在生态系统循环中,"草"发挥着重要的作用,湖南林业科技大学雷学军教授发明的速生草还能发挥大规模吸收二氧化碳的作用。

六是明确"控制线"和制度规范,强力推进生态文明建设。由于生态环境保护具有外部性,需要发挥政府的作用,需要采取必要的行政手段,需要通过制度规范来引导人们的行为。因此,十九大报告提出,"生态文明建设完成生态保护红线、永久基本农田、城镇开发边界三条控制线划定工作""提高污染排放标准,强化排污者责任,健全环保信用评价、信息强制性披露、严惩重罚等制度""健全耕地草原森林河流湖泊休养生息制度，建立市场化、多元化生态补偿机制""构建国土空间开发保护制度，完善主体功能区配套政策，建立以国家公园为主体的自然保护地体系"等。其中，"城镇开发边界"控制线划定、"严惩重罚"制度、"市场化、多元化生态补偿机制""以国家公园为主体的自然保护地体系"都是新提法。实施这些制度、采取这些措施，将有力地推进生态文明建设工作。

七是采取各种"行动"，切实推进生态文明建设。生态文明建设重在行动。

为此，十九大报告提出，要"开展创建节约型机关、绿色家庭、绿色学校、绿色社区和绿色出行等行动""持续实施大气污染防治行动，打赢蓝天保卫战""加强农业面源污染防治，开展农村人居环境整治行动""实施重要生态系统保护和修复重大工程，开展国土绿化行动"等。关于生态文明建设的大政方针已定，方向已明确，颁布的法律法规已不少，制定的政策也有很多，现在更需要的是行动，将法律法规和政策等落到实处，通过全社会的行动实实在在地推进生态文明建设。

八是设立"国有自然资源资产管理和自然生态监管机构"。十九大报告非常明确地提出，要"加强对生态文明建设的总体设计和组织领导，设立国有自然资源资产管理和自然生态监管机构，完善生态环境管理制度，统一行使全民所有自然资源资产所有者职责，统一行使所有国土空间用途管制和生态保护修复职责，统一行使监管城乡各类污染排放和行政执法职责"。生态文明建设是一个非常复杂的系统工程，需要强有力的组织领导。现有的自然资产管理和自然生态监管涉及多个部委，机构多元、职责交叉、监管重叠，内耗较多，合力不够，效率偏低，因此有必要加快设立国有自然资源资产管理和自然生态监管机构，实现"三个统一行使"，为生态文明建设提供坚实的组织保障。

第 3 章 体育赛事

3.1 体育赛事的概念

3.1.1 运动竞赛角度的定义

体育赛事的概念是从"运动竞赛"演变而来的,因此,要对体育赛事进行定义,首先需要弄清"运动竞赛"的概念。田麦久教授认为,运动竞赛是指"在裁判员主持下,按统一的规则要求,组织与实施的运动员个体或运动队之间的竞技较量";原国家体委训练竞赛综合司在《运动竞赛学》中指出:"运动竞赛是在裁判员主持下,依据统一的规则而组织与实施的运动员个体或运动队之间的竞技较量";台湾学者许树渊认为:"在运动上,凡是以运动精神、运动道德为准则,用对等的方式,公定的规则,作各种个人或团队的竞技活动,以供众览,所以比较优劣胜负,以提倡推展运动之用,成为运动竞赛";同时还有学者提出:"运动竞赛是人类的一种实践活动,它是一个特殊的过程,有明确的目的性,有鲜明的竞技特征,有完善的规则和一整套竞赛办法及决定竞赛胜负的'法律依据'。"从以上几个运动竞赛的定义看,前三个定义实际是对运动竞赛的狭义解释,这三个定义并没有体现体育运动竞赛所涉及的场外因素。最后一个定义虽然指出了运动竞赛是一个过程,有特殊性,是人类的一种实践活动,但还是未能超出赛场的范围,并未能对体育运动竞赛所涉及的众多因素进行概括。由此看出,以上体育运动竞赛的定义还只是停留在竞技体育比赛的层面，未能反映出当今体育运动竞赛的时代特征。

3.1.2 项目管理角度的定义

随着观众、媒体、赞助商等赛事利益相关者的介入，体育赛事已经成为市场经济条件下体育竞赛活动的重要组成部分。这时体育运动竞赛的项目化特征就越发明显，很多学者便从项目管理的角度对其进行定义，而且更多地称为"体育赛事"。如台湾学者曹有培认为："体育赛事指由特定的组织团体，透过有计划地筹备、营造、管理，在特定的时间、地点集合个人或团队，以达成预期目标和宗旨，并借一项或以上的运动，依循各种运动规则举行比赛，各种单项的运动比赛和综合性运动会皆涵盖其中"；程绍同认为："体育赛事是特定的组织团体依其本身举办之目的，透过科学化的管理与筹备过程，在特定的时间与地点下，召集运动竞技活动的相关人员(运动员、裁判、工作人员和观众等)及团体(运动组织、运动器材供应商、媒体、赞助商等)共同参与所形成的综合性集会。"

3.2 体育赛事的分类与特点

3.2.1 体育赛事的分类

体育赛事种类繁多，资源丰富，根据不同的分类标准可以将赛事分为不同的类型。从赛事的规模、区域、内容、性质、功能、运动员的身份等都可以将赛事分为不同的类别。体育赛事是一个社会关联性非常强的事件，很难将体育赛事全面细致地彻底分类。只能从某一角度根据需要将体育赛事分成相对合理的类别，便于认识和研究。

1.根据体育赛事是否具有亲历性

体育赛事消费群体根据是否具有亲身经历性可以分为观赏型体育赛事和参与型体育赛事。观赏型体育赛事主要是为人们提供高水平竞赛的体育竞赛表演，人们可以通过观看竞赛表演，满足精神上的需求。观赏型体育赛事一般竞技水平高，参加竞技的人数少，观众多，如大型综合体育赛事(奥运会、世界杯赛等)、单项体育联赛(中超、英超、意甲等)、某些商业赛事(擂台赛)等。

参与型体育赛事可以满足人们亲身体验的需求，同时享受体育带来的身体上和精神上的乐趣，以达到休闲的目的。目前竞技性较强、参与性程度又较高的代表性体育赛事为马拉松赛事，人们主要通过亲身体验马拉松竞赛，达到愉悦身心的目的。其他的一些参与型体育赛事主要为群众性体育赛事，竞技水平相对较低，经济程度相对较弱，如大众体育节、全民体育赛事、万人竞走比赛等。这些比赛以休闲、娱乐、参与为特点，群众参与性较强，随着赛事影响力的不断扩大，不少赛事逐渐体现出商业特点。

梦想篮球联盟(Dream Basketball League，以下简称DBL)，由浙江省篮球协会和杭州启明星体育经纪有限公司共同发起。要求参赛队员身高在1.88米以内，目的是让篮球"不仅是巨人的运动，而且要让更多的人参与篮球运动"，让普通身高的篮球爱好者有一个真正属于自己的舞台。它是全球首次推出限高理念的篮球联赛，自2006年成立以来一直致力于通过限高篮球赛创造更加和谐精彩的社区，致力于打造1.88米以下篮球爱好者的精品赛事，并提出"打造全球规模最大的限高篮球联盟，让最广泛的人分享篮球的快乐和财富"的伟大愿景。

2009年DBL限高篮球赛是由广东省社会体育中心主办、广东体育频道协办，双方共同全力打造的全新赛事。DBL限高篮球赛以最广泛参与性为根本宗旨，采用网络约战管理的技术组织篮球爱好者和管理比赛，让更多人真正分享篮球运动的快乐。DBL限高篮球赛以小个子为参赛主体，探讨适应新时代，新生活的群众体育竞赛的新组织形式，极大激发广大篮球爱好者的参与热情。

2009赛季赛程安排如下：

第一阶段：积分赛(时间：整个年度)

全年在广东省各地举行，全国其他赛区也同时进行。通过多层次、长时间的激励体系，吸引各地球队在 DBL 官网进行注册，并展开自由约战或擂台赛，获得积分，进而晋级参加下一阶段的比赛。

第二阶段：冠军赛(2009 年 5—7 月每周举行)

以每周一凌晨为时间节点，广东省内的积分排名前四注册球队参加周冠军赛争夺(采取交叉淘汰制)，每月的四个周冠军球队参加月冠军赛的争夺，每月月冠军球队直接晋级年终总决赛。(举办地选择在"珠三角"城市，具体比赛地点：广州、东莞、佛山、深圳、中山等)第三阶段：外围赛(2009 年 8 月 9—21 日)外围赛也称复活赛，是为落选周、月冠军的球队特设的复活赛，同时邀请未在网上注册的有实力的若干球队参赛，预计参赛队伍为 32 支，采取小组单循环赛，加交叉淘汰赛办法，决出外围赛冠军，冠军球队直接晋级年终总决赛。(举办地选择在"珠三角"城市)

第四阶段：年终总决赛(2009 年 8 月 22—29 日)

晋级的 4 支参赛队采取单循环赛，决出排名顺序，积分前两名的参赛队进行最后冠亚军的决赛。

2009 赛季 DBL 限高篮球赛共有注册球队 5 500 多支，参加周冠军及以上落地赛事的球队达 60 多支，据统计共发生 3 000 场次以上比赛，活跃球队达 1 720 支，直接参赛人数达 17 200 人。

广东电视台体育频道对这一赛事做每周、每月、外围赛和总决赛全程跟踪报道，把这一群众性的赛事办成小个子的 NBA，让群众参与的比赛成为富有激情，展示自我，享受赛事的过程。

2.根据赛事的规模划分

根据赛事的规模通常可以把体育赛事分为：超大型综合赛事，如奥运会、亚运会、英联邦运动会等；大型综合运动会，如全国运动会、全国大学生运动会、全国城市运动会等；单项国际体育赛事，如世界锦标赛、世界杯赛、世界冠军赛、洲际锦标赛、洲际冠军赛等；职业联赛，如意甲、英超、中超等；其他各种商业性和群众性赛事。在全球所有的体育赛事中，竞技性或者观赏性体育赛事仍然是赛事的主要部分，即使在其他商业赛事中，也以观赏性体育赛事为主，赛事主办方竭尽全力满足观赏者的需求，以扩大消费群体，进而增加赛事的知名度、从而提高赛事的商业价值。参与程度较高的赛事，目前商业程度还不高，但是随着人们对休闲生活要求的不断提高，参与性较高的群众体育赛事将不断增多和普及。

另外，根据地理区域为标准可以将体育赛事分为全球体育赛事、洲际体育赛事、联邦体育赛事、国家体育赛事、省体育赛事、市区体育赛事、社区体育赛事；根据体育赛事的项目可以将体育赛事简单分为综合体育赛事和单项体育赛事；根据运动员的身份划分，可以将体育赛事分为职业体育赛事和业余体育赛事等。

3.2.2 体育赛事的特点

目前大众所接受的体育赛事一般指在市场经济条件下运行，与社会具有很大交融性的现代意义上的体育赛事。虽然目前不同的赛事体现了各自不同的共性，但现代体育赛事仍然有很多自身共有的特点，主要有：社会影响力大、媒体依赖性强、多元化、商业化等。

1. 社会效益性高

体育赛事渗透到社会的众多方面，体育赛事满足人们对体育的消费需求、增强集体凝聚力、拉动经济、稳定政治、促进外交、打造品牌产品、塑造城市形象等都具有非常强的影响力。

2. 媒体依赖性强

体育赛事本身也是产品，产品的知名度决定了产品的价值，媒体是现代社会扩大知名度的主要途径，电视、网络、报纸、广播等是体育赛事赖以存在的基础。没有媒体的传播就没有今天体育赛事的普及。

3. 联动性强

体育赛事是一个关联度很高的产业，它不仅可以直接带来广告费、运输费等直接收入，还能极大地影响交通、旅游、住宿、餐饮、物流、保险等相关产业。因此目前各省市积极申办大型体育赛事，以拉动本地区的经济、文化和社会的发展。

4. 多元化

随着人们对体育赛事的需求和消费，体育赛事的类型不断增加，出现了各种各样的体育赛事：有竞技性、商业性、群众性、观赏性和参与性的等。随着传媒技术的不断发展，还出现了电子竞技赛事。人们还可以通过电视、网络、手机等多种媒体观赏体育赛事，也体现了赛事传播方式的多元化，同时也满足了人们多种多样的体育赛事观赏休闲方式。

5.商业化

体育赛事是一项耗费资金的赛事，但同时也是一项具有商业价值的赛事。

随着我国市场制度的不断完善和全球市场化发展的不断推进，体育赛事的商业化特点不断体现。观赏性体育赛事由于自身的观赏性自然引起媒体的关注、赞助商的青睐而产生了商业特性。参与型体育赛事，只要具有一定数量的参与者，就可能引起商家的青睐，产生商业特点。

体育赛事的这些特点，并不是赛事与生俱来的，随着社会的不断发展而产生，体育赛事的特点也会随着将来社会的变化而发生变化。

3.3 体育赛事的营销策略

3.3.1 体育赛事营销的概念

体育赛事是一种复杂的产品，可以对之进行宣传、定价和销售，本节所讲的体育赛事营销是指营销体育赛事，而不是指通过赛事营销其他商品。目前不少学者将体育赛事营销定义为通过赛事营销产品，或者将体育营销定义为通过体育营销其他商品，当然也有许多通过赛事成功营销其他商品的成功案例，如可口可乐、三星、耐克等。本节将重点讲述如何营销体育赛事，如何提高体育赛事本身的价值，而不是在赛事中进行营销的其他商品或体育小镇。

体育赛事营销则是为了实现赛事的目标，创造、建立和保持与目标市场之间的互利交换的关系，而对设计方案进行分析、计划、执行和控制的行为过程。

体育赛事营销的主要任务是提高赛事的市场价值，树立良好的赛事形象。体育赛事营销的管理过程包括分析市场机会、选择目标市场、设计营销组合、管理市场营销活动。体育赛事的产品是赛事服务，营销者是赛事主办主体，当然可以由承办方、经纪公司代理。体育赛事的产品具有自身的特点，一方面满足普通观赏者的需求，另一方面满足其他非观赏者的需求，如赞助商和传播媒体。

体育赛事原始的精彩特点满足了休闲群体的需求，而由此衍生的体育赛事的现代商业特点，满足了商业群体的需求。

3.3.2 体育赛事营销类别和营销对象

体育赛事产品主要是赛事的竞赛表演和由比赛衍生出的其他产品，这些衍生产品同样具有较高的市场价值，如广告价值、媒体转播价值，由此而产生了各种类型的营销，如门票营销、赞助营销、转播权营销、广告位营销等。随着体育赛事营销概念的不断发展和变化，广义上的体育赛事营销还包括利用赛事平台对城市、商业主体和运动员的营销。本节所讲体育赛事营销主要指赛事产品的营销即门票营销、赞助营销、转播权营销、广告位营销。

成功的营销策划是建立在对目标公众需求理解的基础之上的，而且要求组织花时间分析他们的目标市场并决定目标。体育赛事的目标公众种类多，如赞助商、观赏者、媒体、政府等，需要不同的营销策略。尽管如此，赛事营销仍有普通市场营销的共性，如赛事环境分析、赛事目标制定、瞄准赛事受众、设计赛事营销组合、管理赛事营销活动。

1.门票营销

门票收入是赛事的重要收入来源，怎样制订合理的门票价格、出售更多的门票、保证较高的上座率都是门票营销的主要任务。门票营销首先要对赛事环境进行分析，确定该体育赛事在各种体育赛事中的价值定位，甚至包括演唱会、音乐会、政府重大事件乃至自然灾害在内的各种大型事件环境；分析哪些群体会购买门票到现场观看体育赛事，评价该群体的门票消费能力范围；制定门票的价格；设计营销组合，让尽可能多的受众接受门票信息，如门票的特点、优惠、性价比等；最后对门票的整个营销过程进行监督、管理和评价。

一般情况下，赛事的级别越高，观赏性越强，门票的价格越高，也更需要专业的营销策划。观赏性较小的参与型赛事，门票价值较低，甚至没有门票价值，也不需要很多门票营销投入。

2. 赞助营销

尽管很多大型体育赛事的赞助费用不是最主要的来源，但是数量也相当可观，在赛事举办费用中依然占据非常重要的位置。体育赛事的赞助营销是指将赛事的商业价值通过各种途径展现给赞助商，提高赛事的商业价值，获取更高的赞助费。奥运会的 TOP 计划是典型的赛事赞助营销。目前赛事的赞助费已经成为很多赛事的主要来源，特别是门票价值不高的小型赛事、参与型赛事，尽管赞助的数量不及大型赛事，但是对赛事的开展起到关键作用。赞助营销内容主要为：通过赛事为赞助商设计各类宣传方案，通过各种方式，如新闻发布会、公益活动、媒体等，吸引赞助商为赛事提供更多的资金或者物质上的帮助。

3. 转播权营销

转播权销售主要面向媒体，赛事与媒体相互依存，目前主要形式为电视转播。另外网络、广播、报纸等媒体也有涉及，但是转播权的价值主要体现在电视转播方面。转播权营销，主要任务是提高赛事的观赏性、赛事的知名度和赛事的宣传功能，通过各种方式，吸引更多的媒体，支付更多的费用转播体育赛事。能够达到这一目的的素材很多，如赛事的规模、独特性、冲突性(金牌冲突)、知名运动员等，这些都是媒体所需要的。

1948 年 BBC 为拍摄伦敦奥运会而付费，标志着付费转播的开始。1958 年的《奥林匹克宪章》中就有这样的规定："作为娱乐，现场直播奥运会比赛的权利需要经国际奥委会承认，由奥委会组委会售出，所得利润按既定方案分配。"在欧美发达国家体育赛事营销，早已经作为专门的课题进行讨论和研究，比如美国职业联盟电视转播权的捆绑销售。但是受计划经济的影响，我国国内体育赛事的转播权在第九届全国运动会(广东)才开始被认可，第十届全运会(南京)才开始正规化运作。

目前随着有线电视和卫星电视的普及，国内外体育赛事电视转播权的价值越来越高，体育赛事电视转播权价值的提高还与体育赛事的质量和营销方式有很大关系。

4.广告营销

体育赛事现场、周边场地和物体(气球、横幅、彩旗等)、门票、工作手册、秩序册、海报等都具有广告宣传功能，很多赛事可以对广告位直接营销。广告位营销的主要任务是提高广告位的宣传功能，提高商家对广告位的认知度，提高广告位置的价格和销售数量。

5.其他营销

在以上主要的几项体育赛事营销外，还有许可权营销、赛事纪念品营销以及各种会议(如新闻发布会)和仪式(如合同签署仪式)等。不论是体育赛事哪方面的营销，其目的都是为了提高产品的接受程度、增加产品的价值、制定合适的产品价格，满足营销对象的需求。另外由于赛事自身特点，赛事营销也有自身的特殊性，即政府成为赛事营销的对象，赛事的举办能够提高城市知名度和政府美誉度，赛事也需要政府提供各种市政服务。政府因此而成为体育赛事的营销对象。

体育赛事的营销在进行各项赛事产品营销的同时，存在整合营销，每一项营销之间都相互联系、相互依存，共同作用并提升整个赛事的营销水平和营销效果。

3.3.3 体育赛事的营销策略

体育赛事的营销策略，实际上就是以体育赛事需求者为出发点，根据经验获得观众、赞助商、媒体等主体对赛事的需求程度，消费能力的信息、对赛事的期望值，有计划地组织赛事的各项活动，通过相互协调一致的产品策略、价格策略、渠道策略和促销策略，为他们提供满意的商品和服务而实现赛事目标的过程。

长期以来，被营销理论界广为接受的、由美国学者 Jerome McCarthy 提出的 4PS(Product、Price、Place、Promotion)理论，能从复杂的营销变数中找到最为重要的因素，并从单纯的因素上升为一组策略，从而更好地适应日益复杂的营销环境。1990 年，美国学者 Lauter born 首次提出了用 4C8(Customer、Cost、Convenience、Communication)取代传统的 4PS，为营销策略研究提供了新的思路。

与市场导向的 4PS 相比，4CS 更注重以消费者需求为导向，在理念上有了很大进步与发展。20 世纪 90 年代中期，美国学者 Don E.Schultz 提出的

4RS(Relevance、Reaction、Relationship、Reward)阐述了一个全新的市场营销策略的 4 个新要素。

4RS 以竞争为导向,在新的哲学层次上概括了营销的新框架,它将体育小镇的营销活动提高到宏观和社会层面来考虑,提出体育小镇与顾客及其他利益相关者应建立起事业和命运共同体,建立、巩固和发展长期的合作关系,强调关系管理而不是市场交易。20 世纪 90 年代末提出的 4VS(Variation、Versatility、Value、Vibration)营销策略旨在培养和构建体育小镇核心竞争能力的具体途径,是现代体育小镇市场营销的新着眼点。

体育赛事于体育小镇有共同之处,也有很多差异性,如赛事的举办地点是变化的,一些赛事没有连续性,赛场观众更是多个阶层的,因此不能一味地生搬硬套体育小镇的营销策略。但是赛事的营销策略需要借鉴和模仿各个优秀体育小镇的优点,根据自身特点制定适合体育赛事的营销方式。另外不同级别和不同性质的赛事,也需要选择不同的营销策略;即使同一赛事,在面对不同的目标消费者时,也存在不同的营销策略。随着市场营销研究的不断深入,市场营销策略越来越多,4PS 被称为最为基础经典的营销策略,但是随着市场复杂程度的提高,4PS 难以精细地涵盖市场营销的各个方面。目前使用 4VS 营销策略逐渐增多,相比较更适合运用于展销会、音乐会、体育赛事这样的商业活动。下面以观赏型体育赛事和参与型体育赛事为例,依据 4VS 营销策略讨论体育赛事行销策略。

1. 观赏型体育赛事的营销

观赏型体育赛事主要满足人们的观赏需求,可以在 4VS 营销策略的基础上设计,所谓"4V"是指"差异化(Variation)""功能化(Versatility)""附加价值(Value)""共鸣(Vibration)"的营销组合理论。首先是差异化策略,即以不同特色的产品、周到的服务树立良好形象,特别是大型体育赛事。每届奥运会都有不同的主题歌、不同的口号、不同的会徽、开幕式、闭幕式等。每届全运会都根据承办地区的特点,塑造赛事的独特风格。这些差异化策略可以让人们永远记住这届奥运会的地点、时间、精神,以及和这届奥运会相关的赞助商。其次是功能化策略,即提供不同功能系列产品或服务满足不同顾客的消费需求,如为观赏者提供便捷的门票购买平台,为现场观众提供安全、便捷的通道,为赞助商提供各种回报方案,安排各种公关活动。再次是附加值策略,即提高附加价值的产品和服务质量以满足顾客的需求,在体育赛事中,可以通过赛事的标准化、美化、人性化、创新性等提高赛事的附加值。最后是共鸣策略,所谓共鸣策略是指受众观看和感受特定的场面或情景时,促使回想起某一事件的一种创意策略,可以让其唤起珍贵的、难以忘怀的生活经历、人生体验和感受,激发其内心深处的回忆和感慨。体育赛事的共鸣策略与一般营销策略有所不同,普通营销中的共鸣策略是让顾客想起产品,从而吸引更多的忠实客户;而体育赛事的共鸣策略产生共鸣的目的不仅仅是吸引能够共鸣的观众,更重要的是能够吸引更多的赞助商和转播媒体。体育赛事中能够与产品连接和共鸣的要素非常多,如赛事中运动的阳光和朝气,与自己曾经体验的运动的快感或者内心对运动的欣赏而共鸣,体育赛事开幕式上各种文艺演出与历史文化之间产生的共鸣,农运会与农产品销售之间的共鸣等。赛事的共鸣程度越高,忠实观众(现场观众和媒体观众)就越多,赛事的价值越高。

2.参与型体育赛事的营销

随着人们生活水平的提高和对休闲体育的不断需求,大众化的参与型体育赛事不断增加,参加体育赛事的普通人群越来越多,有以体育活动为主的万人竞走赛、千人自行车赛、社区体育竞赛等各种参与型体育比赛,也有以其他事件为主题的体育活动,如为庆祝春节、端午节、桃花节、茶叶节等各种节日的体育活动。随着体育赛事市场开发程度不断提高,参与型体育赛事的商业价值也逐渐体现出来,参与型体育赛事的营销策略越来越受到重视。参与型体育赛事营销策略首先是吸引更多的参与者,在吸引众多参与者的同时,提升体育赛事的商业价值。那么在针对赞助商和转播媒体制定营销策略的时候,完全可以采取4VS设计进行策划,这和普通的营销策略非常接近。在向参与者营销时,可以采取4VS中的异化策略和共鸣策略,但是营销策略的目的并不一定是获得经济效益,也可能是社会效益。

3.3.4 体育赛事营销策略的影响因素

1.大型事件环境

设想一下,如果一项大型体育赛事举办期间,或者举办前后,有另一场体育赛事、一场大型音乐会、展销会或者国家重要的庆典节日,那么赛事的价值将会降低,赛事产品的价格、赛事门票的销售量以及上座率都有一定的下降。

一般情况下,特别是大型体育赛事的营销策划上都应避免与其他大型节事的冲突,以保证赛事的价值,避免亏损。当然,目前很多赛事处于亏损状态,但是相关产业增长明显,如旅游、交通、餐饮等。城市形象塑造成效显著,在一定程度上满足了城市的需求,从城市的整体效益看,并没有亏损。

2.人文环境

人文环境主要指某一地区的风土人情、历史背景、信仰、思维方式、生产方式以及人们的生活习惯等各种物质文化和精神文化的总和。体育赛事必须根据赛事的需要,对举办地的人文环境进行衔接和融合,使赛事具有当地的人文特点,产生感召力和凝聚力,从而使得当地人对体育赛事产生好感,最终达到体育赛事门票升值、门票销售量增加以及上座率提高,最终达到体育赛事整体价值的提升。通过赛事强化地区人文特点,打造具有特色的城市,美化地区整体形象,也是地区和政府的需求。紧密结合人文环境打造的体育赛事,同时也可以提高体育休闲的品位与档次,为满足人们体育休闲创造了更好的条件。

3.经济环境

赛事营销与赛事举办地区的经济环境密切相关,经济环境主要为该地区整体经济实力、居民收入、消费能力和消费习惯。在制定体育赛事的营销策略时,首先要了解居民的可支配收入、消费能力和消费习惯、可能会在赛事上消费的可能性;其次要清楚举办地区的经济实力、评估潜在赞助商的数量、可能获得的赞助费用,以及赞助商能够接受的赞助方式等;最后还要考虑该地区的交通、餐饮、通讯等其他各种赛事所需要的基础条件。只有了解这些经济环境,才能判定赛事的价值和顾客能够接受的程度,才能设计出科学的赛事营销策略。即赛事的产品策略、价格策略、渠道策略和促销策略。

4.政治法律环境

赛事的营销策略必须考虑政治法律环境,不同的政治环境下需要树立不同的理念,体育赛事理念与政治和谐,才能得到政府、社会和公众的认可,才有可能创造更有价值的赛事。只要对政治法律环境把握清楚,与政府的理念相吻合,即使在不太稳定的政治环境下,也可能产生成功营销赛事的案例。比如1988年汉城奥运会,当时韩国政治很不稳定,外交关系也比较紧张,但是当时韩国政府大力呼吁:"任何一个国家都有举办奥运会的权利,奥运会是和平的象征,奥运会的举办只会稳定韩国的政治、促进世界和平。"还创作了主题歌曲《手拉手》,使得这届奥运会精彩夺目,至今令人难忘。整个营销理念体现了人类向往友谊和平的理念,迎合了当时韩国的政治需求。

5.自然环境

自然环境是环绕人们生存环境的各种自然因素的总和,如大气、水、植物、动物、土壤、岩石矿物、太阳辐射等。与赛事相关的自然要素有湖泊、山脉等。

3.3.5 体育赛事营销手段

体育赛事营销手段,即体育赛事通过何种方式、借助何种媒体进行营销。

目前进行体育赛事营销的途径主要有印刷资料营销、广播营销、电视营销、网络营销、活动营销,这些营销手段互相影响,相互联系,并不是完全孤立的。

1.印刷资料营销

印刷资料营销包括海报、宣传册、报刊、门票等一切通过印刷资料进行的营销。报纸是人们公认的在社会生活中必不可少的印刷品,通过报纸进行体育赛事营销,是任何赛事都不会放弃的。体育赛事印刷资料虽然是传统的营销手段,但是随着印刷技术的不断提高,印刷资料营销水平不断提高,体育赛事的印刷资料营销是赛事营销中非常重要的组成部分。如果没有精美的秩序册、漂亮的门票,那么赛事的品质将会大打折扣,赛事的商业价值也会随之降低。

2.广播营销

体育赛事广播营销是通过电波,用声音信号将体育赛事传播给大众的营销方式。尽管随着电视和网络的普及，通过收音机了解体育赛事的人越来越少，但体育赛事依然会选择广播营销。广播也有自身的优点，依然有较大人群选择收音机接收信息。如上班前的洗漱、早餐时间是接收收音机信号的高峰期；公交车、出租车和长途客车上也常见收音机信号传播，因此体育赛事一般不会放弃广播营销手段。

3.电视营销

随着电视机的普及、电视有线网络的普及和卫星电视信号的产生，电视受众数量极其庞大，电视营销成为目前体育赛事营销的主要手段，从体育赛事的申办、筹备、开幕、闭幕、乃至总结，各种大大小小的事件、通气会、发布会、各种仪式等频频在电视屏幕上亮相。主办者甚至极力创造各种可以引起人们关注的各类事件，吸引电视媒体，达到电视营销的目的。

4.网络营销

网络营销是体育赛事营销必不可少的营销手段，它集中了报刊、广播、电视的所有功能，具有极大的营销空间，满足了各类群体的需要。它可以通过图文、声音、视频共同打造独特的营销效果。

5.相关活动营销

在体育赛事的营销过程中，营销者极力开展以体育赛事为主题的各种相关活动，如启动仪式、群众参与性体育活动、各种新闻发布会等，这些活动不仅吸引观赏者和媒体，还大大吸引赞助商的眼球。在活动营销的同时也引发了电视营销、网络营销乃至印刷营销和广播营销。

第4章 时尚休闲体育

4.1 冰雪休闲产业

4.1.1 冰雪项目的起源

1.滑雪运动的起源

冰雪运动的含义为人们基本呈站立姿态,双脚各踏一只滑雪板或共同踏一只滑雪板,双手各持一只滑雪杖或不持滑雪杖,在雪地上滑行的体育运动。

"立""板""雪""滑"是滑雪运动的基本要素。

我们已经无法知道世界上第一副滑雪板是什么样子的,据古代石刻所述,早在4000年以前,就产生了所谓的滑雪板,现存最古老的滑雪板已有2 300多年的历史。在今天的挪威首都奥斯陆的滑雪博物馆里,还陈列着1500年前的滑雪板样品,这就是我们现在所能见到的最早的滑雪板。这是世界上第一个滑雪博物馆,挪威首都奥斯陆也因此被称为"滑雪运动之都"。挪威的诺尔海姆于1870年发明了第一副现代滑雪板的束缚器,因此被认为是现代滑雪运动的鼻祖。

根据欧洲和日本的有关资料记载,人们都认为滑雪运动起源于北欧,人们为了解决在雪中行走下陷的问题,把长条木板绑在脚下,不仅解决了难题,而且可以在雪上滑行走动,这就是滑雪运动的历史过程。据欧洲资料记载,真正意义的滑雪运动始于斯堪的纳维亚地区,是由于这里具备滑雪运动产生的关键条件——

雪。在这个寒冷而且多雪的地区，地面上一年之中有八个月都是被积雪所覆盖着，这就给人们的日常生活和行走带来极大的不便，人们为了适应当时的环境及求生避险，就在长期的生活实践中发明了一种独特的行走方式——滑雪。日本札幌冬季运动博物馆的资料则称我国新疆阿勒泰一带是世界滑雪运动的发源地，在我国的史料中也有类似的记载。

2.滑冰运动的起源

滑冰的出现，远远晚于滑雪。如果说滑雪是远古时期的产物，那么滑冰则诞生在中世纪。关于滑冰产生的原因有两种说法，一是认为滑冰的产生源于心理需要。当人类由奴隶社会过渡到封建社会以后，束缚自由的枷锁被打开，生活方式也发生了相应的变化，追求娱乐的心理需求增强。一般都认为冰上运动最早的工具是滑挞，进而过渡到借用工具。二是滑冰起源于荷兰。

4.1.2 冰雪项目的发展

1.滑雪运动的发展

早在 4500 年前，北欧就有人滑雪。在挪威境内北极圈附近，曾发现 4000 年前的史上有两个人滑雪打猎的简单图案。

在 13 世纪，滑雪已经成为挪威的一种国技。14—16 世纪，北欧的一些国家如芬兰、挪威、瑞典以及俄国还曾利用这些雪上工具进行争战。世界上第一部带有滑雪插图的印刷书籍是在 16 世纪出版的，书中描述了在挪威和瑞典发生的两次危机中官兵们已开始利用滑雪作战了。

世界上的第一部滑雪著作是挪威的卡皮特詹斯埃姆豪森于 1733 年所写的《滑雪指南》。

到了 18 世纪，人们开始使用 2 个长度相同的滑雪板和一个滑雪杖。50 年之后，滑雪有了很大的变化，现代滑雪运动逐渐形成。

1877 年奥斯陆成立了世界上第一个滑雪俱乐部。

世界上最早的滑雪学校是挪威的克瑞斯蒂阿尼亚，由姚杰斯、旦姆斯特维兄弟于 1879 年创立。世界上最早的滑雪俱乐部是 1861 年在挪威的崔寒尔成立的。

1883 年,挪威正式成立了国家组织——挪威滑雪联合会,这是世界上最早的国家滑雪组织机构。

1924 年在斯堪的纳维亚国家首次成立了国际滑雪联合会,并且滑雪作为竞赛项目出现在了法国沙莫尼举办的第一届冬季奥运会上。

2.滑冰运动的发展

早在 13 世纪中期,荷兰就出现了有铁质冰刀的速度滑冰运动。随着社会生产力的发展以及人们文化生活的需要,滑雪活动由简单滑行向更高层次的花样表演,以及经济性很强的冰球运动发展,使滑冰从娱乐游戏活动发展成立竞技运动项目,进而发展成为现代冰上运动。

根据国际滑冰联合会的文献记载,第一个从一个城镇滑到另一个城镇的事发生在 1676 年。根据麦克米公司出版物的记载,在 1604 年出现了在池塘中滑雪的记载。

1742 年苏格兰的爱丁堡滑雪俱乐部成立,这标志滑雪运动进入有序的群体活动状态。从 1849 年起形成了在欧洲建立滑冰俱乐部的高潮,到 1884 年,先后在荷兰、挪威、俄国、法国、瑞士、匈牙利、德国、瑞典、芬兰等建立了数十个滑冰俱乐部。

进入 19 世纪 80 年代,滑雪运动在欧洲已成蓬勃发展之势,建立国家级滑雪领导机构时机成熟,1879 年英国、1882 年荷兰、1887 年加拿大、1888 年德国和奥地利等都成立了国家滑冰协会。1850 年在英格兰的沼泽地举行了首次速滑比赛。

19 世纪后期,滑冰运动流传到欧洲各国。在 19 世纪中期,滑冰运动开始出现花样和速滑分离发展的雏形。英国、荷兰、加拿大、德国、奥地利等都成立了国家滑冰协会。

4.1.3 冰雪休闲产业的概念与类型

1.冰雪休闲产业的概念

根据休闲产业的概念,我们把广义的冰雪休闲产业定义为:以冰雪休闲资源为依托,以冰雪休闲实施为基础,以冰雪休闲产品为手段,以冰雪市场为对象,通过提供冰雪休闲服务满足休闲消费多样化需求,并以此获得经济利益的综合性行业。狭义的冰雪休闲产业为:为参加冰雪运动的休闲者提供直接服务的行业和部门。

冰雪休闲资源、冰雪休闲设施、冰雪休闲产品、冰雪休闲市场、冰雪休闲服务是冰雪休闲产业经营管理的几要素。冰雪休闲资源主要是指冰雪资源,包括自然形成的冰雪和人工制造的冰雪;冰雪休闲设施主要是指和冰雪运动有关的体育设施,包括冰刀、滑雪板、滑雪杖、索道、造雪机等;冰雪休闲产品主要是指冰雪这项运动,主要是指大众滑雪;冰雪休闲市场主要是指以冰雪为依托形成的市场,包括冰雪竞赛表演市场、冰雪旅游市场、冰雪训练市场等;冰雪休闲服务是指为冰雪运动提供的各种各样的劳动,包括清理雪道,为冰雪运动者提供雪鞋、滑雪杖等的劳动。

2.冰雪休闲产业的类型

(1)冰雪体育产业的类型

冰雪运动大体上可分为四大类,实用滑雪、竞技滑雪、大众滑雪、探险滑雪。我们这里所说的冰雪休闲产业多侧重于大众滑雪,它分为高山滑雪、越野滑雪、单板滑雪。

大众滑雪是以健身和娱乐为目的进行的群众性滑雪运动,主要有高山滑雪、越野滑雪、单板滑雪等。大众滑雪在欧洲和北美洲开展得早,已经有上百年的历史,滑雪运动非常普及,以位于欧洲阿尔卑斯山脉地区的法国为例,每年冬季滑雪的人数有700多万。在亚洲,日本和韩国开展得比较早,其中20世纪末是日本冰雪运动发展的鼎盛时期,滑雪人数曾达到1 800多万。目前我国的大众滑雪正处于迅速发展的阶段。

(2)冰雪运动的特点

冰雪运动主要有以下特点:①地域性、季节性;②高投入性;③高风险性;④趋向大众;⑤较强的器械依赖性。

4.1.4 冰雪体育小镇的营销策略

1.冰雪体育小镇市场营销的概述

世界旅游组织《滑雪报告》这篇文章指出：我国滑雪市场诞生于1996年，以亚布力旅游滑雪场(风车山庄)的建立为标志。资料显示，2000年，国内滑雪人数不过100万，营业收入不到10亿元；2005年，国内滑雪人数已超过1 000万，滑雪旅游收入达200亿元以上，形成了可观的产业规模。据统计，每年滑雪人数就有700万，收入200亿，而且今后10年还要翻一番。在2009年全球金融危机情况下，在这年的春节黄金周期间，哈尔滨市共接待旅游者20.78万人次，同比增长2%；实现旅游收入5 120万元，同比增长2.1%。

2009年第25届中国·哈尔滨国际冰雪节的隆重开幕及各项活动的陆续开展，使哈尔滨市接待游客量大增，累计接待国内外游客1 114.5万人次，实现旅游总收入90.42亿元人民币。

2.大众消费与冰雪体育小镇的营销

(1)冰雪体育消费的影响因素

①经济因素。冰雪体育消费首先是一种经济行为，或者说它首先受经济条件的制约。从宏观方面讲，国民经济发展速度快，国内生产总值、人均国内生产总值增长快，体育消费的发展快一些。从中观层次上讲，体育消费水平的高低还受消费结构及其所派生的产业金额的影响。从一般意义上讲，在人均收入较低的情况下，恩格尔系数较大，人们的生活水平处于温饱问题有待解决的阶段，对吃穿等基本需求较大，而对体育锻炼方面的基本需求则难以提到日程上来。在人均收入提高后，人们的温饱问题已基本解决，需求结构会发生相应变化，人们才有时间、精力、心情来满足基本体育需求。在收入进一步提高后，人们消费结构会随之发生新的变化。即消费转向非物质产品，也就是能够满足人们享受和发展需求的体育产品。从微观层次上讲，个人的收入水平也是影响消费的主要因素，个人收入增加时，人们的消费水平会随着增加，反之则减少。

②社会因素。人是各类社会关系的总和，在社会因素中有三种因素会起作用：
1)消费者的社会地位。一般地讲，人的社会地位是根据其财产状况、生活方式、

文化素质、社会作用、价值观念等确定的人在社会关系中的位置。2)相关群体的影响。相关群体是指能够直接或间接相互影响态度、行为的人的集合。相关群体通常由一个人或几个有影响力的人起领导和协调作用，其举止言行对整个群体的影响是相当大的，他们的决策有时甚至可以完全代表这个群体的意志。组织团队进行冰雪运动或去观看冰雪竞赛表演等，大多数人的兴趣是他们做出决定的关键，最后决定是去还是不去，或者是转向其他方面。3)家庭。

家庭是构成社会的最基本要素，也是最重要的相关群体。因此，研究家庭行为对体育消费的影响，有较大意义。体育产品生产和消费政策的制定，要充分考虑家庭因素的影响。

③文化因素。冰雪体育消费本身也是一种文化消费。所以，整体上的文化背景对冰雪体育消费有重大影响。在我国的东北地区，民族民俗冰雪文化经历了"以实用为目的，逐步演化为娱乐竞技活动，随之升华为艺术，直至成为重要的经济形式"的发展过程，并走入了人们的精神生活。冰灯便是冰雪艺术中的一种重要形式。

④人口因素。消费体育产品与消费许多制造业产品相比，在年龄、性别、职业、健康状况等方面有多不同的地方。年龄，不同年龄阶段的人都是体育消费者，但不同年龄段的人对体育消费是不同的，青年人、中年人不但热衷于参与体育锻炼，还喜爱观看体育比赛；青年时期比较喜爱刺激的运动，到老年时就比较喜爱不太激烈的运动。性别，男性消费者更喜爱激烈、刺激性强、运动量大的运动。职业，工作量大的人喜欢比较轻松的运动项目；收入高的人比收入低的人更有心思锻炼等。健康状况，一般生过大病或老弱的人更加注意自己的健康，更能认识到锻炼的价值，他们选择的体育项目都在自己身体的许可之内；身体好的人，强壮的人，可以选择自己喜爱的冰雪体育消费项目。

3.冰雪体育消费的营销策略

冰雪体育消费的营销策略是指为了让消费者购买自己的产品而制定的营销策略。可以从以下几个方面来考虑。

(1)满意顾客策略

体育小镇与顾客的利益在本质上应当是一致的，体育小镇所做的一切工作都是为了最大限度地满足顾客的需要。"真正让顾客满意,而满意的顾客又可能采取有利于体育小镇的各种行动"给体育小镇带来好处,结果是双方都满意,这就是许多体育小镇把追求顾客满意作为营销目标的原因所在。体育小镇必须把顾客满意度控制在体育小镇全部资源的范围内,并能为其他利益方提供可以接受的满意条件。加强对体育小镇员工的教育和训练,生产顾客满意的产品并提供顾客满意的服务。

(2)巩固营销策略

这一战略是要在消费者心目中加强和提高自己现在的定位。如果体育小镇成不了第一名,成为第三也是一种有效的定位。同时让消费者知道并相信这是确实可信的。紧挨第一名的市场既避免了和"第一"针锋相对的冲突,也在消费者心目中树立起了具有相当实力的印象。

(3)重新定位营销策略

如果消费者心目中对该体育小镇的市场定位不明确,或当市场营销环境发生重大变化后,或是顾客需求发生了显著变化等,体育小镇便要调整自己原来的市场定位,进行重新定位。另外,就是当众多的或较强的竞争对手定位于自身产品及形象周围时,也通常采取重新定位战略。

4.冰雪体育小镇产品市场细分

(1)冰雪体育产品市场的概念

市场是商品交换的场所和领域,是以其所交换的产品的特点和用途来划分的。冰雪体育小镇市场的交换对象是冰雪体育产品和冰雪体育服务。冰雪体育小镇市场就是指冰雪体育服务产品的经营和交换场所和交换关系。人口、购买力和购买意向是决定市场规模大小的三个要素。

(2)冰雪体育小镇产品市场的特点

冰雪体育市场具备一般市场的共同点,遵循价值规律、供求调节、竞争等一般规律。但冰雪体育市场又有其自身的一些特点:

①冰雪体育小镇产品表现形态的特殊性。冰雪体育市场是以经营体育服务为主要内容。如高水平的冰雪体育竞赛或表演,它提供给消费者的是一种精神享受和"名牌效应"的受用。这与物质生产领域中生产的物质形态的商品有所不同。

②冰雪体育小镇服务商品使用价值的不确定性。在一定的社会经济条件下，人们对一般商品的使用价值都具有较为一致的衡量标准，但对体育商品来说，消费者偏好的差别较大，使他们对体育服务的评价标准及采取的态度极不相同。

③冰雪体育小镇商品生产过程与消费过程的同时性。向消费者提供的体育劳务服务(如冰雪竞赛表演等)是商品的生产过程，与此同时，也是消费者消费商品的过程(观赏、受用等)。这同物质形态的商品生产过程一般在体育小镇或工厂进行，销售过程一般在商场进行有所不同。

④冰雪体育小镇市场发展的不平衡性。由于受区域性经济、文化、思想观念和生活方式等因素的影响，冰雪体育市场的发育程度和发展速度极不平衡。在我国北方地区，冰雪资源是很丰富的，有优势的自然环境和地理条件，加上人们对冰雪独特的爱好，冰雪体育市场的发展相对活跃和繁荣。在南方沿海开放地区和内陆大城市，由于没有形成冰雪的自然条件，相对来说冰雪项目的发展是很缓慢的。虽说也有室内冰雪场，但是建造这些设施的代价很高，没有一定经济实力的地方是建设不起的。

⑤冰雪体育小镇市场经济效益与社会效益统一性。冰雪体育产业的文化功能和社会公益性，决定了冰雪体育市场既要讲经济效益，又要讲社会效益，决不能以牺牲社会效益为代价单纯追求经济效益。坚持经济效益与社会效益相结合，以社会效益为主的原则，在创造最佳社会效益的同时，也创造出最佳的经济效益。

5.冰雪体育小镇市场细分策略

市场细分是在 20 世纪 50 年代中期由美国市场学家温德尔·斯密在总结一些体育小镇市场营销实践经验基础上提出来的，他认为市场细分就是以消费需求的某些特征或变量为依据，区分具有不同需求的顾客群体。冰雪体育市场细分就是根据构成总的冰雪体育市场的体育消费者之间的需求差异性、购买行为和购买习惯等，将冰雪体育市场分为若干相类似的消费群体，其中每一个消费群体就是一个子市场或称为细分市场。冰雪体育消费有冰雪体育物质产品的消费和冰雪体育服务产品的消费两大类。从消费的角度来说，冰雪体育市场可以细分为冰雪体育健身娱乐市场、冰雪体育旅游市场、冰雪体育竞赛表演市场和冰雪体育培训市场等。

(1)冰雪体育健身娱乐市场

冰雪体育健身娱乐市场是指为满足消费者强身健体、娱乐休闲的冰雪体育需要而提供冰雪体育器材、冰雪体育场地、冰雪体育技术指导等服务的经营行业。冰雪体育健身娱乐业是以冰雪体育娱乐项目为商品，以实物和非实物方式向消费者提供健身娱乐方面的服务。我国大众消费水平的大幅度提高，给健身娱乐业带来了非常可观的经济效益，冰雪运动的消费逐渐大众化，使得更多的人去追求冰雪带给人的满足和刺激，同时冰雪体育运动又是被人们所追求的室外的有氧运动，深受广大人民的喜爱。如，到我国规模最大、设施最完善的综合性雪场——亚布力滑雪场，即使是初学者也可以尽情滑雪，体验雪地上的惊险与刺激。还有去参加北方特有的冬季体育项目——松花江冰上活动：观冬泳、打滑坡、乘冰帆、滑雪橇、雪地摩托、滑轮胎、狗拉爬犁、马拉游乐车等，还有游乐场、滑冰场，抽陀螺、放风筝……既赏心悦目，又锻炼了身体。

(2)冰雪体育旅游市场

体育旅游市场是为了满足人们参与体育旅游活动而形成和发展起来的。同样，冰雪体育旅游是为了满足人们参与冰雪旅游活动形成和发展起来的。冰雪旅游要由观赏性向体验性转型。世界冰雪旅游发展已经进入休闲身心、回归自然的体验时代，相形之下，观冰赏雪仍是哈尔滨冰雪旅游的主基调，参与性、体验性活动少，必然要影响市民的参与率和游客的回头率。利用冬天的冰雪条件，营造配套设施和装备齐全的冰雪场，还可以通过较有影响力的冬季项目比赛，吸引游客到冰雪场参与冰雪运动，进行消遣和度假等，并在此进行旅游、购物等。如，在外面冰天雪地时，你可以享受美食，最有趣的就是吃冰屋主题火锅，屋外冰天雪地，里面却是一伙人围着火锅，热火朝天地聚餐，吃得满头大汗，暖人心扉。

(3)冰雪体育竞赛表演市场

冰雪体育竞赛表演市场是指以冰雪体育竞赛和与竞赛活动有关的内容为交易对象的市场，由于它的市场购买者是观众，所以也可称为冰雪竞赛表演观众市场。这一市场中观众是消费者，运动员是具有特殊技能的劳动者，体育小镇集团或私人老板是俱乐部和队员的所有者，集团、俱乐部和媒体是经营者，政府和组织是管理者的角色。

(4)冰雪体育培训市场

冰雪体育培训市场是指以冰雪体育培训服务为交易对象的体育市场，这一市场主要涉及的是冰雪体育运动技术培训。从业人员包括在各级冰雪体育培训场所和在冰雪场的教练员和陪练等。

6.冰雪体育小镇市场定位类型

(1)避强定位

这是一种避开强有力的竞争对手进行市场定位的模式。冰雪体育小镇不与竞争对手直接对抗，从对手中找出市场的"空隙"，像大多数面对大众的冰雪体育市场，可以从滑雪条件、娱乐性等其他方面来发展。

(2)迎头定位

这是一种与在市场上居支配地位的竞争对手对着手的定位方式，即冰雪体育小镇选择与竞争对手同样的市场位置，争取同样的目标顾客，彼此在生产、价格、分销、促销有形展示方面少有差别。但是这样的定位对体育小镇的风险较大，你只能在同样的条件下要做得更好。

(3)重新定位

重新定位通常是指对那些销路少、市场反映差的产品进行二次定位。在冰雪市场中有利可图的情况下，会有很多人进入其行业，这时原有体育小镇的占有率会下降。在这种情况下，体育小镇就需要对其产品进行重新定位。

4.1.5 冰雪体育小镇产品的定价策略

与普通产品不同，冰雪体育产品不纯粹是有形的物质产品，各种冰雪体育竞赛表演、大众体育参与活动等构成了冰雪体育产品的主要市场。因此，对体育产品进行合理的定价，不仅要考虑传统意义上的成本要素，更要从体育产品的特殊性出发，综合考虑包括消费者心理和行为在内的其他因素。

1.价格的重要性

从市场营销的角度看，商品的价格不仅是商品价值的货币表现，而且直接影响着市场需求和市场竞争，它是消费者购买商品考虑的重要因素之一。同时也是在一定的社会环境下，在整个营销过程中实现一定战略目的的手段，价格策略是很古老也是最常用的一种营销手段。价格的重要性，可以从以下几个方面来分析：

(1)价格表现商品的价值

商品价值的大小决定着商品价格的高低，商品的价格反映商品价值。价格是消费者从直观上判断商品价值的大小，商品的价值也只能通过交换实现，如果体育小镇不能通过市场交换获得经济效益，那么他们就没有了生存的基础。

(2)消费者的购买行为受价格的影响

消费者的购买行为受商品的功能、商品的质量、商品的类型、商品价格等的影响，当价格高时，人们就会转向其他同类产品或者是停止这种产品的消费，这时价格就影响到了人们对体育小镇产品的形象，继而也影响到人们对产品的忠诚度，人们会以口相传从而减少对这种产品的购买。

(3)价格影响着竞争者的行为

价格竞争，是常用的一种竞争手段。除了完全垄断市场之外，在其他几种类型的市场，一个体育小镇的定价行为都会对竞争者的行为发生影响，使他们做出一定的反应，从而改变竞争的态势，使该体育小镇的市场地位发生有利或不利的变化。在一个竞争激烈的市场中，常会出现价格战、价格联盟等体育小镇间的行为。

(4)价格制约着体育小镇的持续发展

从上面可以看出，价格决定着体育小镇的价值补偿、产品的销售量、市场占有率和体育小镇目标的实现，决定着体育小镇能否实现经济效益，没有经济效益的支撑，体育小镇持续发展就成为一句空话。

2.影响冰雪体育小镇产品定价的因素

影响冰雪体育小镇产品定价的因素很多，它主要受到冰雪体育产品的成本、市场的供需状况、消费者的收入、人们对冰雪体育的认识程度等因素的影响，这些因素互相制约，共同影响着体育产品的定价。

(1)冰雪体育小镇产品的定价受产品成本的影响

和传统产品一样，成本是商品价格构成中最基本、最重要的因素，也是商品价格的最低经济界限，它是影响冰雪体育产品的首要因素。在一般情况下，商品的成本高，其价格也高，反之亦然。商品的成本因素主要包括生产成本、销售成本、储运成本和机会成本。

(2)冰雪体育小镇产品的定价受市场供需状况的影响

冰雪体育产品是一种体育服务产品，冰雪体育竞赛表演业、冰雪体育器材和用品等都属于体育投入品，它们的价格受市场的供需状况影响较大。

此外，资源的地理分布，人们对冰雪体育运动的理解和认识等也影响着其对冰雪体育产品的需求。

(3)冰雪体育小镇产品的定价受市场竞争状况的影响

体育小镇在进行产品定价时都要考虑市场竞争状况。竞争的影响也会通过价格差异表现出来，并决定着一定市场容量下各体育小镇的产品销量和各体育小镇的市场地位，改变着市场竞争的基本态势。

(4)冰雪体育小镇产品的定价受消费者行为和心理的影响

消费者行为，尤其是心理行为，是影响体育小镇定价的一个重要因素。无论哪一种消费者，在消费过程中，都会产生各种复杂的心理活动，并支配其整个消费过程。因此，体育小镇制定商品价格时，不仅应迎合不同消费者的心理，还应促使或改变消费者行为，使其向有利于自己营销的方向转化。根据消费者消费心理的不同，一般将消费者分为冲动和情感型、理智和经济型、习惯型三种类型。

(5)冰雪体育小镇产品的定价受国家宏观经济政策的影响

体育小镇在制定价格时会受到社会政治经济形势、国家的方针政策和法律法规等方面因素的影响，这些因素所构成的政治约束、经济约束以及社会约束，也是冰雪体育小镇定价时必须注意的问题。

(6)冰雪体育小镇产品的定价受体育小镇战略的影响

冰雪体育产品在定价时会受到体育小镇一定时期内的战略目标的影响。如果体育小镇处于开创期，为了成功占有市场，体育小镇或许会采用低价策略；但体育小镇或许为了在市场开发初期就树立品牌形象，而采取高质高价策略。体育小镇的这些市场定位、发展战略对产品的定价起着基本的导向作用。

冰雪体育产业产品供给的产品多时，其价格会随着供给量的增多而降价，反之则升高；当人们对冰雪体育产品的需求量增加时，其冰雪体育产品的价格随着需求的增加而降低。

4.1.6 冰雪体育小镇营销中的渠道策略与促销策略

1.渠道策略

渠道的根本功能就是传递产品和服务，能给生产者和消费者提供比他们直接沟通更多的效用。渠道策略又叫分销策略，分销是营销中的一个核心功能，是将产品和服务从生产者运送到最终消费者手中。分为媒体渠道、体育经纪人和中介机构、电子商务渠道等。

媒体渠道是体育产业越来越重要的分销渠道形式。电视网、有线电视、收音机以及因特网都被认为是把体育产品从生产者传递到最终消费者手中的渠道媒介，人们对体育的热情和广告客户的兴趣，吸引着广播网和电视网为转播权支付高额费用已成为体育产品的分销渠道。

体育经纪人和中介机构。体育经纪人是指在各类体育活动中，从事顾问、代理等经济业务并从中收取佣金的公民、法人和其他经济组织。一些体育机构和个人为运动员提供法律咨询，筹划各种比赛，从中提取佣金和劳务费。

电子商务渠道使最终客户能够更快捷、便宜的获取可能的产品和服务的信息，电子商务渠道使最终客户能更方便地比较价格。提高了顾客对不同产品和服务比较的能力，通过增加最终客户的数量可以选择渠道的数量，更多的客户光顾提供全面服务的销售商的目的只是为了获取产品的信息，然后他们从低价商店中或网上购买产品。

2.促销策略

促销是指个人、团体或组织进行沟通，通过直接或间接的信息交流，告知和说服受众接受某种产品和服务。冰雪体育小镇促销策略同样要遵守特定的基本步骤：目标市场的考虑、建立促销目标、确定促销预算，以及决定促销组合。

促销的目标包括：告知消费者产品或服务的特点和效用、提醒消费者如何能够获得产品和服务、说服消费者选择该产品或服务。

冰雪体育小镇营销中的促销组合主要有广告、人员推销、公共关系和公共宣传、赞助等组成。

广告在体育营销中使用最广泛的促销形式之一，它在很大程度上直接影响着消费者的行为。体育广告的形式多种多样，有电视广告、电台广告、杂志报纸的平面广告、网络广告、户外广告、体育现场广告和体育器材广告，还有形象广告、销售促销广告等。广告活动的过程也和整个促销策略一样，要经过广告目标和预算、创作决策、选择适当的媒体战略和广告评语。如沈阳打出"到黑龙江看冰灯，到沈阳来玩雪"的宣传语。

人员推销是和目标受众的互动沟通，销售人员要通过这种面对面的接触，将渠道成员的进货需求或消费者的购买需求引导到体育小镇产品或服务的方向上来。这种方式和受众沟通的有效性比较高，可以通过对方的反馈及时调整信息，可以解释较复杂的信息，并且可以与消费者建立长期的关系。

营业推广是用来刺激产品需求的短期促销活动，包括亲身体验、免费优惠券赠送奖品等。

广告关系和公众宣传。公共关系是识别、建立并维持体育组织或商业活动组织与决定其成败的各种公众之间的多种利益关系。而广告宣传只是公共关系工具的一种，比较普遍的形式为媒体上的相关新闻、新闻发布会、记者招待会。

对于体育小镇而言公共宣传有时并不一定是可控的，但是同时提高了它的可信赖性。

赞助。体育小镇的体育赞助可以赞助体育赛事活动、体育媒体、体育组织或运动员，围绕赞助活动开展的一系列营销，体育小镇借助这些赞助对象的良好社会效应来提高体育小镇的品牌知名度与品牌形象，获得社会各界广泛的关注和好感，为体育小镇创造出有利的生存和发展环境。而冰雪体育小镇也可以用这种方式来进行赞助，通过赞助某一活动、组织或运动员来提高冰雪体育小镇自身的形象，使更多的人愿意参与冰雪体育运动，就算是费用不菲也会买器材和门票来尝试一下冰雪运动的快乐。

4.1.7 冰雪体育小镇市场营销策略

所谓体育市场营销是指为满足体育消费者的需求而进行各种活动的一种交换过程。体育市场营销主要包括两个方面：一是向消费者提供直接的体育产品和服务；二是以体育为媒介间接地向消费者宣传其他产品的质量和功效。在体育市场营销管理过程中，市场营销组合是创造成功的市场营销活动的一个秘诀。

市场营销组合是将影响市场销售的因素组合起来考虑，以实现最佳的销售组合匹配。一般而言，影响冰雪体育市场销售的因素有四大类：产品策略、价格策略、分销策略和促销策略。

1. 产品策略

在冰雪体育市场营销中，产品是指通过市场的交换，能够提供给人们使用或消费的一类物品或服务，是"商品与服务"的共同体。有冰雪体育运动竞赛，如冬奥会、大运会等；有冰雪体育实物产品，如冰雪体育服装、雪橇、索道等。

在产品策略中，体育市场定位非常重要。它包括两个方面：一是顾客定位，也就是消费群体定位，要确立冰雪体育市场为什么样的消费群体服务；二是体育市场服务内容定位，如冰雪体育健身娱乐市场、冰雪体育培训市场、冰雪体育竞赛表演市场、冰雪体育旅游市场等。对他们提供的服务内容进行准确认识并制定相应的产品定位策略。

2. 价格策略

价格是指消费者通过市场交换后所拥有或得到产品或服务的全部价值量。

在体育市场营销中，价格有几种不同形式：有观赏冰雪体育比赛的门票价格；有购买冰雪体育服装、用品、器械的商品价格；有出售冠名权、各种运动队商标、电视转播经营使用权的价格等。在营销组合中，价格策略直接决定着体育小镇的销售收入和市场份额的大小。体育小镇采用不同的定价方法，得出产品的基础价格后，还要根据不同的销售渠道、产品条件及消费者的具体情况，实行灵活多变的定价策略，以更好地实现体育小镇的定价目标及总体营销目标。冰雪体育是一种比较奢侈的运动。不论器材还是运动场门票都是非常贵的。如2010年哈尔滨的冰雪节期间，冰雪大世界门票200元，如果三口之家去游览一次，需要五六百元，这是一笔不小的开支。富人毕竟是少数，一般收入家庭和低收入家庭是多数。

如果门票价格不能降，我们可以按不同人群分类制定价格，如：学生一律半价，60岁至70岁老人半价，残疾人和70岁以上老人免票，低保户收四分之一票价。

3.分销策略

分销包括渠道、覆盖面、种类、位置、运输、后勤等要素。体育小镇通过制定合理的分销策略，将生产出来的体育产品在适当的时间、适当的地点，以适当的价格供应给顾客，从而满足市场的需要和实现体育小镇的冰雪体育市场营销目标。

4.促销策略

促销策略是一种短期的宣传行为，目的是鼓励消费者购买的积极性。它是指体育小镇通过人员推销和非人员推销的方式，向目标顾客传递商品或劳务的存在及性能、特征等信息，帮助消费者认识商品或劳务所带给消费者的利益，从而引起消费者的兴趣，激发消费者的购买欲望及购买行为的活动。在体育市场营销中，促销主要有广告、推销、销售促进、公共关系等。

冰雪体育市场营销组合的每个部分，尽管都可被看做一个独立的个体，但它们之间彼此相互依赖。每一个变量都与另一个变量相联系，并决定如何使体育市场营销对象的需求能得到最大限度地满足。

4.2 滨海体育休闲产业

西方发达国家其滨海体育休闲的发展已有近百年的历史，从不同的角度对滨海体育休闲问题研究是广泛而深入的，有较为丰富的研究成果。而我国在该领域的研究，无论是理论研究或实践应用都极为薄弱。

4.2.1 滨海体育休闲的概念

滨海体育休闲活动是利用滨海资源——大海、阳光、沙滩等进行的体育类活动，以身体活动去体验海滨的自然环境而带来的海洋刺激、惊险等为主要特征的一系列活动。以达到身心休整、娱乐放松、度过余暇时光的目的。

滨海体育休闲概念包括四层意思：

其一，在余暇时间里、悠闲心态下进行；

其二，在海边、沙滩、珊瑚礁和近海等区域活动；

其三，以体育或运动的内容或形式进行；

其四，以身体力行的亲身体验为重要方式。

因此，滨海体育休闲是人们在闲暇时间里，以悠闲、自然的心态，在海边、沙滩、珊瑚礁和近海等环境条件下，以体育内容、形式进行的系列休闲运动实践活动，称为滨海体育休闲。

应当指出的是任何体育项目无论是正式的体育项目或非正式的体育活动，或是"亚体育"和"轻体育"，或是游戏、舞蹈甚至杂技等一切"身体运动文化"都可以用在人们的休闲活动中。对于"滨海体育"的概念众说纷纭，尚无统一的界定，其中有称"海洋体育"的，有称"水上运动"的，也有称"滨水体育"的。"滨"意为：靠近水。我们之所以用"滨海体育"，是因为人们习惯用"滨海"一词来概括海边、沙滩、珊瑚礁和近海等环境，让人联想"大海、阳光、沙滩"，凸显海洋韵味以及娱乐、休闲、旅游的商业开发价值。尚克(Shank)[美]《体育营销学——战略性观点》一书中列出了《韦氏词典》(Webster)对体育(sport)的定义："消遣娱乐的一个源泉或是为欢乐而从事的一种身体活动。"他认为："体育能够使我们从日常的生活习惯中解脱出来并且带给我们快乐。有趣的是，'娱乐'也被定义为快乐的或迷人的活动。""滨海体育"凸显的是人们休闲和娱乐的需要，以身体体验为重要特征。

4.2.2 滨海体育休闲活动分类

滨海体育休闲活动内容丰富、项目众多，形成了自身的"项目群"，有其自身的特点和规律，并与社会文化、经济、地域、环境现状关系紧密。滨海体育休闲与陆地体育休闲在环境上有很大的差异，揭示滨海体育休闲特点和规律，了解与自然环境的相互关系，可以指导人们参与滨海体育休闲的活动，对制定安全措施、防止意外事故发生等都有明显的应用价值；可以促进滨海体育休闲产业开发，对经营管理的科学发展有重要指导意义，也可以进一步拓展休闲体育学的研究领域。

我国正式开展的体育项目有 96 个。其中正式的水上运动项目有：游泳、跳水、水球花样游泳、赛艇、皮划艇、帆船(板)、沙滩排球、滑水、潜水(含蹼泳)、摩托艇、铁人三项、航海模型、航空模型、航天模型、飞机跳伞、悬挂滑翔、滑翔机、滑翔伞、动力伞、牵引伞、龙舟、救生。

滨海体育休闲活动与正式的水上运动项目是有些区别的。滨海体育休闲包括运动、休闲、娱乐、游戏、体验、探索、旅游、交友等为目的的活动。随着我国体育休闲业的蓬勃发展，滨海体育休闲的项目不断增加，如冲浪、沙滩手球、海上游泳、海浪救生、悬崖跳水、沙滩手球、休闲潜水、海上龙舟、海上摩托艇、沙滩摩托车、香蕉船、堆沙等，我们把近百项滨海体育休闲活动大致分为八大类：

1.海边体育休闲活动

嬉水、踏浪等是指人们在岸边沙滩、浪花上的活动。通过人体和海水之间形成的互动，使人们体验与大海的接触，感觉海水对脚和小腿部的冲刷。

2.海水中体育休闲活动

潜泳、蹼泳、气泳、水中寻物，除了具有一般性游泳功能外，主要是潜入水中的运动。人类贴近海洋，体验海洋，认识和理解海洋。这种贴近、体验、认识和理解是人类用自己的身体进行的一种接触，是一种完全融入自然的接触。

3.沙滩体育休闲活动

沙滩体育活动是指在沙滩进行的体育项目。如阳光浴、沙滩排球、沙滩足球、沙滩跑步、沙滩拔河、沙滩骑马、沙滩卡通车等。

4.泥地体育休闲活动

泥地体育休闲活动指在泥质滩涂上运动的项目。如泥地爬行、泥地摔跤、泥地蹬独木舟等。有人认为，泥地项目具有很好的锻炼身心和治疗皮肤病的效应，具有良好的开发价值的，开展泥地体育休闲项目必须保护泥地的自然生态。

5.船帆艇体育休闲活动

船帆类体育休闲活动是利用船、帆、板，借助机械、风力或海浪的推力而进行的海上体育休闲活动。它基本上有以下几种项目：划船、帆船、帆板、摩托艇、滑水和冲浪等。这些体育休闲项目，技术含量高，难度较大，但商业开发前景很好。

6.海空体育休闲活动

海空体育休闲活动是指既有海上的又结合空中的体育休闲项目。现在比较流行、比较成型的项目有拖曳伞、拖伞、牵引伞、降落伞,动力悬挂滑翔机和动力滑翔伞等。海空体育休闲项目可以让人体验飞翔在碧海与蓝天之间的畅然之感。

7.海边悬崖类体育休闲活动

海边悬崖类体育休闲活动包括悬崖跳水、悬崖攀岩等。海边悬崖类体育休闲项目鼓励人的冒险精神,体验惊险与冒险的感受,获得成功的强烈感受。

8.钓鱼类体育休闲活动

钓鱼类体育休闲活动包括岸边钓鱼、礁石钓鱼、鱼排钓鱼、船上钓鱼等。

参与者可以体验悠然、耐心、沉稳,并在悠然中取得收获。

4.2.3 滨海体育休闲的兴起与发展

我国体育社会学家卢元镇教授曾意味深长地说:"海洋是生命之母,回归海洋,是人类积蓄了千万年的冲动。"这句话发人深省,让人联想深刻,回味无穷,蕴藏着深刻的哲理。

滨海体育休闲的兴起源于人类生活水平的提高、现代社会科学技术的发展;源于人类回归海洋与自然的理念,向往大海、阳光、沙滩下的自然生态;源于人们寻求宁静安逸的环境,远离喧闹嘈杂的现代社会;源于人们对生活的认识,健康第一是现代人追求的重要价值观。滨海体育休闲是在现代社会滨海休闲的大环境下逐步形成的以体育运动为主要形式的体育休闲活动,已成为滨海休闲业中的重要内容,是滨海休闲活动中深度休闲和深度体验的内容,也是最有开发价值的休闲项目。

滨海体育休闲在 18 世纪至 20 世纪这一漫长的历史中逐步发展起来,它与国际滨海度假旅游的发展息息相关。滨海旅游已成为国际旅游的主流,滨海度假旅游发源于欧洲,早期是以西班牙为代表的欧洲沿海度假地为代表,成为世界著名滨海旅游点。二战后,以中产阶级为主要消费群的现代滨海度假旅游逐步兴起,发展成为国际旅游的主流,被称为"3S"(阳光 sun、海水 sea、沙滩 sand)工程,滨海度假旅游一直是最重要、最受休闲爱好者欢迎的旅游资源。

时至今日,滨海休闲产业在国际上已十分发达,在日本、美国、西欧、加拿大、新西兰、澳大利亚等国家和地区尤为盛行。我国旅游界普遍认为:发展海洋旅游已成为21世纪我国旅游业的战略重点。联合国《21世纪议程》指出:"沿海国家应当探索、扩大依靠海洋资源开发休闲和旅游活动的潜力。"

4.2.4 滨海体育休闲产业的概念

滨海体育休闲产业是滨海休闲产业的重要组成部分,滨海休闲产业还应当包含滨海旅游业、休闲渔业、海滨文化产业等相关的服务业以及配套设施系统为主构成的经济形态和产业系统,是一个产业群或产业链的总称。滨海休闲产业一般涉及滨海度假区、滨海自然保护区、海洋主题公园、海洋博物馆、滨海体育、水上运动、交通、旅行社、旅游商品业、餐饮业以及由此连带的产业群。

滨海休闲融知识性、娱乐性、参与性和体验性为一体。滨海休闲地一般具有风景优美,气候宜人,有益健康,交通便利等特色。

所谓滨海体育休闲产业是指以滨海游憩系统为依托,以滨海体育旅游、滨海体育表演活动以及人们的滨海体育休闲体验活动等为主体,开展的与人的需求密切相关的滨海体育休闲生活、滨海体育休闲行为、滨海体育休闲产业领域。

4.2.5 滨海体育休闲产业的类型与特点

我们依据"产业"和"体育产业"的基本理论和社会实际,把滨海体育休闲产业分为六大类:一是滨海体育表演业;二是滨海体育休闲服务与体验业;三是滨海体育休闲产品制造业;四是滨海体育休闲会展与策划创意业;五是休闲渔业;六是游艇俱乐部与游艇制造业。滨海体育休闲产业隶属第三产业,也有隶属第二产业的内容。

1.滨海体育表演业

通过对滨海体育表演项目或水上运动比赛的组织、策划吸引人们来观看滨海体育的表演或比赛。如观看海上 F1 摩托艇、滑水、帆船、帆板等，或沙滩排球比赛等。滨海体育表演业必须具备以下几个要素：

①赛事或表演的项目就是一个完整的节目。

②在一个可控的场地，地点和时间是经组织和策划规定好的。

③一个完备的组织，是体育小镇或体育部门或社会团体。

④消费者，主要是观众，也有参与此活动的人员。

⑤运动员或表演者。

2.滨海体育休闲体验与服务业

在滨海体育休闲体验与服务业中，体验与服务是密不可分的。比如，人们在海里体验游泳，那么在游泳前提供的浴场水质、海浪等的检测预报如何？游泳中救生安全服务和技术指导服务如何？以及游泳后冲洗设备设施齐全程度和舒适程度如何？滨海体育休闲体验与服务业中，项目众多。如休闲潜水、冲浪、悬崖跳水、沙滩手球、海浪救生、悬崖跳水、航海模型、海上龙舟、皮划艇、娱乐滑水、蹼泳、海上摩托艇、沙滩摩托车、香蕉船等，都可以为人提供休闲体验与服务。

服务质量要注意这几个要素：

①技术指导人员的专业水平。

②服务态度是提高服务质量的基础。它取决于服务人员的主动性、积极性和创造精神，取决于服务人员的素质、职业道德和对本职工作的热爱程度。良好的服务态度表现为热情服务、主动服务和周到服务。

③服务技巧是提高服务质量的技术保证。它取决于服务人员的技术知识和专业水平。

④服务效率是优质服务的核心。

⑤礼节礼貌是提高服务质量的重要条件。

⑥清洁卫生。体现场馆的管理水平，场地卫生、器材卫生、用品卫生、服务人员个人卫生等。

3.滨海体育休闲产品制造业

我们把滨海体育休闲产品分成两类。一类是正式的水上运动体育器材和器材配件；如船、帆、艇类及配件；潜水器材及配件；救生器材等。目前，这类产品国内生产能力、研发能力较低，依赖进口程度较大。另一类是滨海体育休闲器材、器材配件用品：如水上香蕉船，游乐圈，水上滑水圈或板；钓鱼器材和器材配件；沙滩休闲器材等。

2009年，许敏雄等从市场结构、市场行为与市场绩效之间的逻辑关系，对我国体育用品制造业特征进行了分析并认为："我国体育用品制造产业体育小镇没有成为真正的市场主体，体育小镇规模小、缺乏竞争力、效益增长乏力、资源配置效率低下、市场绩效差，形成了我国体育用品制造产业的特征。"这种现实在滨海体育休闲产品制造业中表现尤为明显。

4.2.6 滨海体育休闲项目、人员、经营管理现状(以广东省为例)

1.开展的项目现状

常见的有海边嬉水、海域游泳、海水浴、日光浴、沙浴、泥浴、近海休闲潜水、水上摩托艇、帆船、帆板、冲浪、海上拖拽伞、海钓、沙滩排球、沙滩足球、骑马、骑骆驼、高尔夫运动、游艇等(表4-1)。

表4-1 广东省滨海体育休闲开展项目

地点	经营项目
湛江东海岛	轻型航空飞机、空中拉伞、海上摩托艇、香蕉船、沙滩跑车、骑骆驼、蒙古跑马、沙滩排球、足球、风筝、蒙古摔跤
吴川吉兆湾	海上跳伞、风帆、快艇、冲浪、沙滩跑车、钓鱼、蒙古跑马、实弹射击
茂名第一滩	沙滩排球、沙滩足球、动力三角翼飞机、山坡滑翔伞、双人滑翔机、水上卡丁车、水上快艇、骑马
茂名放鸡岛海上游乐世界	休闲钓鱼系列、浅水潜、深水潜、探险潜、观光潜水、海外船潜、精品潜水、专业夜潜、夜潜狩猎、帆船、冲浪摩托艇、游艇、香蕉船、海面拖曳伞、海泳、沙滩跑车、飞鱼船、滑水、动力三角翼飞机
阳江海陵岛大角湾	香蕉船、沙滩跑车、骑骆驼、海上摩托艇、沙滩丛林野战、水上单车、蒙古跑马、水上乐园、潜水、海上动力伞翼机、动力悬挂滑翔机

续表

地点	经营项目
江门上下川岛	海边嬉水扑浪、飞艇拖带水上降落伞、帆板、划浪板、垂钓、沙滩捉蟹、水床、橡皮艇冲浪、浅水拾贝、风帆、水上摩托艇、潜水、香蕉船、独木舟、沙滩露营、空中降落伞、小快艇、水上电单车
珠海东澳岛南沙湾	摩托艇、皮划艇、香蕉船、帆船、潜水、水上摩托艇、降落伞、海上钓鱼、海上快艇环岛游、沙滩足球、沙滩排球、拔河、垂钓、游艇
珠海金海滩	海浴、冲浪、沙滩排球、沙滩足球、堆沙、沙滩车、沙滩跑车、骑马、游艇、垂钓、沙滩捉螃蟹、射箭、激光射击、沙滩麻将、放风筝、沙滩拔河、拉网捕鱼、沙滩露营、海沙浴
深圳大鹏湾	飞艇冲浪、海天飞伞、非洲滑索、潜水探秘、沙滩跑马、水上快艇、索道滑水、潜水、高尔夫、游艇
深圳大小梅沙	海边嬉水、沙滩游戏、索道清水、摩托艇、潜水艇、沙滩车、海上降落伞、沙滩排球、沙滩足球、垂钓、休闲潜水、海滩跑马、水上快艇、模拟实战的彩弹野战
惠州大亚湾	海边嬉水冲浪、风帆、水上降落伞、摩托艇、香蕉船、沙滩飞碟、沙滩排球、沙滩车、高空索道、水上蹦极跳、高空滑翔、小型伞翼飞机
汕尾红海湾遮浪岛	海边嬉水、快艇、划艇、帆板、帆船、沙滩足球、排球、滨海网球、篮球、门球、高尔夫
汕头龙虎滩	海泳、池泳、欧洲蹦极、沙雕、骑马、骑骆驼、风筝、沙滩排球、足球、沙雕、篝火、潜水、海上观光快艇、香蕉游船、沙滩摩托车、动力三角翼、动力伞、沙滩卡丁车、海上摩托艇、中信海湾高尔夫

2.滨海体育休闲体育小镇的管理模式现状

广东省海岸线长,滨海旅游资源丰富,各地市在广东省旅游局以及相关部门的宏观调控下,在经历多年的改革与发展之后,其滨海体育休闲的管理模式也呈现出多样化特征。具体表现为以下三种管理模式。

(1)景区管理委员会模式(图 4-1)

这种管理模式主要是从原有的集体所有制管理模式过渡而来,地方政府直接涉及滨海体育休闲活动项目的运作中参与管理。景区管理委员会主要由地方政府设置,在经营机制上既可以是政府单独出资组成,也可以是通过社会资本共同组建规范的股份公司的方式进行,其主要职责在于负责体育活动项目的规划、审批与监管等。它包括两个方面的内容:第一,景区管理委员会通过收取门票的方式开放公共体育活动场所(如海滨浴场等),提供滨海体育休闲活动项目(如游泳等),景区管理委员会主要负责公共滨海体育休闲活动项目的开续表发、经营与管理。第二,景区管理委员会通过租赁景点场地给体育项目经营者的方式,让经营者自主进行滨海体育休闲活动项目的开发与经营,实现自主经营、自负盈亏。如湛江的东海岛、汕头的南澳岛等。

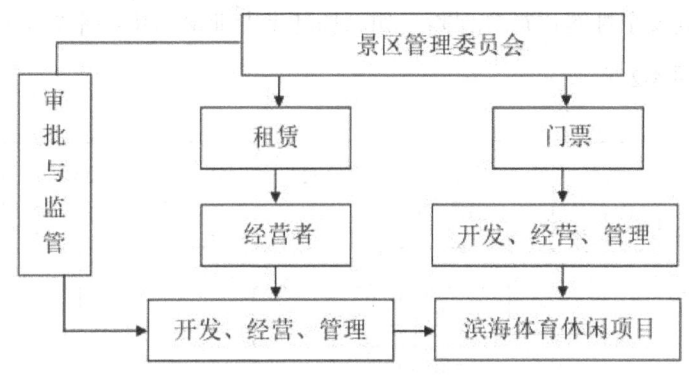

图 4-1 景区管理委员会模式

(2)公司模式

这种经营模式指的是旅游景区管理机构通过承包或租赁等途径,委托授权专门公司独家经营景区资格的方式经营管理,或者是由管理机构出面组建旅游公司的方式进行经营管理。旅游公司具有独立法人实体资格和市场主体地位,全面负责处理滨海体育休闲活动项目的规划、开发、经营管理等,实现自我管理、自主经营、自我发展。景区管理机构主要负责对滨海体育休闲活动项目的开展给予必要的审批、监管和提供相应的保护措施。这种经营模式和治理结构属于体制创新的结果,它不但解决了景区多头管理的局面,理顺了内部关系体制,为滨海体育休闲资源的开发利用解决了行政障碍。同时也充分利用社会资金,投资建设基础设施,进一步提高了滨海体育休闲资源的利用效率,而且还可以利用外部的优惠政策形成资产快速扩张的局面,对旅游景区实施一体化、封闭式、全方位的管理方式。这种经营模式目前在广东滨海体育休闲中比较普遍,如深圳大梅沙、小梅沙;阳江国家 4A 级旅游景点——闸坡,台商独资的海上旅游世界——放鸡岛,惠州大亚湾。

(3)非景区独立模式

非景区独立模式其特征，主要在于滨海体育休闲经营者根据特定体育运动项目的特点，在非特定的滨海区域设置适当的滨海体育休闲运动项目，并通过在城市设立的办事处召集参与人员来实现。这种模式优势主要在于灵活多样，比较符合和满足社会的需要，但是不利于管理部门的监督和调控。同时，由于经营者地点并非在海滨景区，又远离城市中心，缺乏必要的救护设施，如果出现人身伤害等问题，其安全性难以得到保障。如深圳环宇专业潜水中心举办的潜水运动等，其结构如图4-2所示。

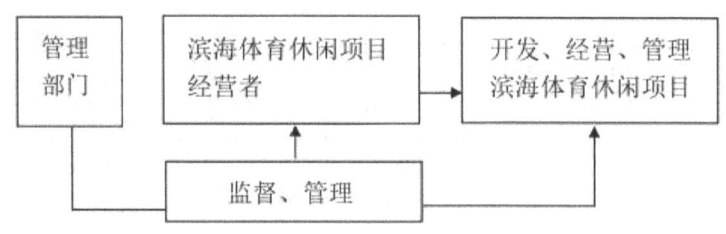

图 4-2 非景区独立模式

3.滨海体育休闲客源市场趋势分析

随着人们生活水平和收入水平的提高，休闲、旅游阅历的丰富和品位的提高，休闲、旅游观念逐渐发生变化。从较低层次的"浏览猎奇型"逐渐向"休闲体验型"转变。度假市场日渐发育，对地点的选择也由新奇的、人造景观等观光旅游产品向自然资源、滨海资源等休闲旅游、健身养生产品转变。

港澳市场：港澳的游客在20世纪90年代初之前主要以过境、观光、商务为主，亚洲金融危机发生以后，到广东购物的香港居民占了相当大的比重。但另一方面，随着政策、交通条件的改善，港澳居民深入广东更为方便。总的来看，港澳游客仍将是广东滨海休闲、旅游游客的重要组成部分。

珠江三角洲市场：珠江三角洲市场是广东滨海体育休闲十分重要的客源地。广东交通发达，因此，"珠三角"的游客一直占有较大的比例。在未来一段时间，此类游客有可能发生以下几种变化：交通系统日益完善，"珠三角"的城市群将日益融为一体，可以预测，此区域的居民到本省区域沿海进行旅游活动的人数、次数将会继续增加。作为我国经济较为发达的地区，"珠三角"居民购买力比较高，已成为广东省区域沿海休闲最为重要的客源地。

内地市场：内地市场是第三个关注的重点。从我国的城市体系发展来看，内地及其沿海城市如厦门、青岛、大连、海南、舟山等已成为著名的滨海、海岛休闲、旅游地，滨海旅游地类型颇有相似性，广东沿海滨海休闲、旅游的竞争对手及所面临挑战越来越多。出于最大效益原则的考虑，内地游客不一定选择广东作为此类旅游首选目的地。

国外游客市场是广东滨海休闲开发必须积极开拓的市场。广东作为我国经济发达地区，在国际已有一定的知名度，多年以来，国外游客的比例一直偏低，但近年来，广东滨海休闲的国外游客有加速增长的趋势。

4.2.7 滨海体育休闲产业的发展趋势

随着休闲产业的发展和结构调整，休闲、旅游市场的逐步成熟，滨海体育休闲产业在未来发展中将主要呈现以下五大趋势：

1. 大众化趋势

我国滨海体育休闲、旅游虽然起步较晚，但是随着"休闲时代"的到来，时尚休闲、旅游的兴起，滨海体育休闲、旅游必将受到更多休闲者、旅游者的青睐。同时随着社会经济的发展，滨海体育休闲、旅游也将能为更多的中层消费者所接受，成为一种大众化的消费。在这一趋势下滨海体育休闲、旅游还将伴随家庭化、中档化等特点，而将成为滨海城市名片。

2. 多元化趋势

滨海体育休闲、旅游的多元化趋势一是指休闲、旅游功能的多元化。具体而言，主要指运动、休闲、体验、度假、康体、娱乐、疗养等功能的有机结合。

3. 生态化趋势

滨海体育休闲的生态化趋势源自旅游者对良好生态环境的追求，人们为摆脱城市生活的负效应，回归自然、放松身心是滨海休闲、旅游者的主要动机之一。

4.创新化趋势

创新是发展的原动力，滨海体育休闲、旅游本身就是为适应不断变化的休闲、旅游市场需求而在持续创新的作用下出现的高级旅游形式。近年来我国一些沿海发达城市，在滨海休闲、旅游发展中创新了一些新特点，如从无主题的滨海休闲、旅游向有主题的滨海体育休闲、旅游转化等。对滨海体育休闲、旅游的创新主要表现在规划开发、经营模式、产品设计、营销管理等方面。

4.2.8 滨海体育休闲经营开发的发展策略

1.建立滨海体育休闲理念、建立风险预警机制、健全相关法律制度和管理制度

滨海体育休闲有其潜在的危险性，开发与经营要考虑应对各类危险的必要性，如建立安全救生防御体系、应对自然灾害、社会突发事件、市场风险等的应急预案，提高对突发事件的抗击打能力和处理能力。

我国已初步形成了一套相对完整的有关环境保护的法律法规，而滨海休闲环境保护和一般意义上的环境保护相比，所涉及的面更广。因此，要加强管理力度，通过强调依法守法来保护和治理滨海休闲环境，有效执行有关法律法规，监督和管理滨海体育休闲产业开发和发展中的环境问题。

2.建立滨海体育休闲开发监控机制，确保滨海体育休闲资源的可持续发展

制定严格的滨海休闲、旅游景区经营及监督管理体制，设立合理的经营权转让程序，公开招标选择滨海休闲、旅游景区经营单位，以经营管理能力和专业知识为基本参照设定一定的入门标准，采取灵活的招商引资政策，多方吸引国内外资金参与我国滨海体育休闲开发。各地旅游主管部门在与中标单位签订滨海休闲、旅游景区经营协议的同时，签订滨海休闲旅游景区的休闲旅游资源保护、环境建设责任书，保证滨海休闲旅游景区的开发符合地方休闲旅游总体规划、海岸带功能区划及环境保护规划的要求。

目前我国沿海各地滨海体育休闲资源归属不同的部门，旅游、海洋与渔业、体育、城建、宗教、文物以及环保各部门各管一块，管理权限不统一，管理目标各异，严重影响了滨海体育休闲资源的可持续利用和体育小镇经营的自主性。因

此应尽快建立起适应滨海体育休闲市场开发需要的滨海景区管理体制,推行景区、文物、旅游管理合一,海洋、环保与旅游、体育管理相互协调的管理体制,强化滨海景区的滨海体育休闲市场运作的监督管理功能。

3.建设滨海体育休闲发展一体化战略,打造"滨海体育休闲"品牌

发挥旅游的整体优势,开发区域性旅游特色产品是当今世界旅游业发展的一大趋势。通过不同城市滨海体育休闲不同产品的组合,取长补短,发挥整体效益是我国滨海体育休闲深入发展的关键。

目前,我国沿海城市滨海体育休闲发展已形成一定规模,各自都有较为成熟的滨海体育休闲产品,但特色鲜明的产品并不多。没有将各自特色的滨海体育休闲资源形成具有长久吸引力的国际级特色滨海体育休闲品牌。

滨海体育休闲的整体发展不能仅仅依靠少数几个城市,只有整合我国沿海各地的滨海休闲体育资源和力量,才能实现沿海岸线的整体开发,形成各具特色,优势互补,相互协调的滨海体育休闲的大格局。通过发达的沿海城市如大连、青岛、上海、厦门、深圳、阳江、三亚等城市的带动作用,推动沿海各地滨海体育休闲的梯次开发。因此,由我国旅游主管部门、体育部门牵头,协调各地的旅游、体育主管部门,共同制订我国滨海体育休闲发展战略和实施规划,在宏观上优化配置我国滨海体育休闲资源,发挥我国滨海体育休闲资源开发的整体优势。

操作层面上:整合各地滨海体育休闲、旅游资源,形成滨海体育休闲整合营销,加快滨海资源市场化开发的步伐。对滨海体育休闲市场进行整体调研分析、培育、开发。

具体方法:建立滨海体育休闲、旅游的集散地(滨海体育休闲超市);建立滨海体育休闲咨询服务中心;滨海体育休闲信息中心;交通中心;建立滨海体育休闲会员俱乐部;滨海体育休闲培训、训练中心。整合滨海体育休闲市场,联合各地滨海体育休闲、旅游经营者(滨海体育休闲活动项目经营体育小镇、经营者,交通运输,宾馆,度假村),针对不同消费者需求特点,进行市场调研,策划适合不同消费者需求的系列滨海体育休闲、旅游产品,做到淡季不淡,旺季有序。如策划会议客户需要的滨海体育休闲路线;商务客户需要的滨海体育休闲路线;系列白领需要的滨海体育休闲路线;顺应目前人们休闲趋势,与各地滨海度假村合作

在冬季推出室内恒温养生健身泥浴、滑沙等，弥补冬季不能进行水上活动的不足。

利用各地滨海体育休闲资源优势，打造各地滨海体育休闲特色；联合包装南方蓝色海岸休闲体育产品，联合设计制作宣传品，制订统一的对外宣传方案，加大宣传力度，与休闲类、旅游类、综合类网站联合推介；联合参加国内外旅游交易会等，打造广东南方蓝色海岸"滨海体育休闲活动"品牌。

4.运用大型体育赛事的带动作用，推动海上中远程游船、游艇等

运动休闲产品开发海上中远程游船、游艇、帆船等运动休闲产品是滨海旅游产品中除观光和度假外经济收益最高、带动效果最明显的休闲、旅游产品。除了能直接带动滨海休闲、旅游业的深化，延长旅游时间，提高旅游收益外，还能促进船舶制造、健身、运动等多种相关产业的发展。既丰富了滨海休闲、旅游产品的内涵，也有效地延长了滨海休闲、旅游季节，充分利用滨海观光淡季推动我国滨海休闲、旅游的均衡发展。

由于历史和文化的因素，国内沿海各地普遍缺乏海上运动的基础，再加上国际通行的海上运动产品需要有雄厚的经济基础和技术能力，海上运动产品在我国还基本处于待开发阶段。除了深圳沿海区域游艇、帆船、潜水等项目开展有一定市场外，其他地方沿海各区只有沙滩车、摩托艇等常规滨海体育休闲产品，且游客的参与性不是很高。

随着我国经济的发展，富豪阶层及有国外海上运动经验的年轻一代的需求开始萌芽。目前游艇、帆船海上观光已经在大连、上海、深圳等沿海发达地区出现，帆板、冲浪、滑水等新兴的海上运动项目也开始起步，海上运动产品需求在国内有了稳步发展。在游艇及娱乐帆船制造方面，世界一些主要的生产厂商，如美国的体育小镇已开始进入我国。

我国开展海上运动休闲有优良的自然海域条件和社会环境，沿海各地特别是深圳近年来举行了一些大型甚至是国际性的滨海体育赛事，赛事的举办对我国滨海体育休闲小镇、旅游业的最大价值在于其品牌形象价值和休闲、旅游公关促销价值，特别是对我国滨海体育休闲以及旅游产品品牌发展的巨大的推动价值。

大型国际性的滨海体育赛事的举办，除了能极大地提升我国滨海休闲体育的品牌价值外，另一项可观的收益是对我国滨海海上运动项目的推动。除了深圳、

汕尾帆船、帆板竞赛基地、游艇码头及海上运动配套设施等硬件建设外，海上运动知识的普及，海上运动项目参与意识的提高，海上运动设施的制造，海上运动项目的推广及技术水平的提高，帆船运动人员的培养等无形的收益对于我国滨海海上运动的开展都具有很高的价值。

我国海岸线曲折漫长，地质地貌结构多样，海湾众多，海滨风景秀丽，山海一体的风光非常适合大中型邮船、海上游艇、帆船等海上运动与海上观光度假。以大型国际性的滨海体育休闲赛事为契机，与广东省交通厅联合在各地游艇码头建设的基础上，在我国沿海改造和建设多个游船专用码头，开发数条以海岸为基地，包括连接广东、海南、广西、福建、江浙沿海的长短结合的海上游船、游艇休闲路线，开发多种海上游船休闲新产品，主要内容包括乘船游览海上风光、海上运动休闲、登岸游览、海鲜品尝、渔村风情体验、海产品采购以及游船度假等一系列海上活动，从根本上改变我国滨海体育休闲产品单调的不利局面。

5.结合海洋渔业结构调整，发展海上休闲垂钓渔业

休闲垂钓渔业通过对渔业资源和休闲、旅游资源的优化配置，把海上休闲、旅游观光和运动渔业有机地结合在一起，使渔业成为集生产、休闲、运动、娱乐于一体的新型海洋产业。既拓展了渔业空间，也给游客提供了一个新的海上休闲、旅游产品，实现了渔业资源保护和经济收益的双丰收。

目前，一些主要的沿海渔业大国都积极开展了休闲渔业，不仅为沿海渔民开创了一些新的就业机会，也带动了沿海相关产业，如造船、渔具制造、渔用电子设备及装备制造等多种产业的发展，形成了一个休闲渔业产业链，极大地推动了沿海地区的经济发展。

据美国内务部鱼类及野生动物管理局调查显示，休闲渔业是美国人最喜欢的户外娱乐活动之一。2010年，在16岁以上的美国人中，参与海洋休闲渔业的人数达到1 156万人，实现经济总效益311亿美元，其中，参与海洋休闲垂钓的外地游客达到335万人，总消费支出达到72.6亿美元。韩国政府面对海洋渔业资源衰退的压力，也推出了发展渔村旅游，开展休闲渔业的渔区振兴计划。

6.加快培养滨海体育休闲专业人才。提高旅游服务质量，满足市场需求

滨海休闲业经营管理水平与服务质量的竞争集中表现为人才的竞争，滨海体

育休闲与其他类型的休闲活动有很大的差异，滨海体育休闲人才有其特殊性。

做好滨海体育休闲专业人才的教育与培训是发展滨海体育休闲小镇的重要环节。

因此，必须紧紧围绕滨海体育休闲小镇发展需求，抓好人才培育，有计划地培养滨海体育休闲本科、专科水平的滨海体育休闲专业应用型人才和高级管理人才；努力学习国外滨海体育休闲小镇的管理经验，提高自身的经营管理水平；加速各种类型滨海体育休闲人才培训中心的建设，进行常规性的滨海体育休闲人才的教育培训工作。

随着我国旅游市场与国际的接轨，海滨旅游活动向高层次发展，这种需求就更加明显。滨海体育休闲专业人才包括管理者、营销者、导游、解说员、救护员、环保人员、海滩养护人员、海上运动教练等，可以说现在我国还很缺乏这些专门人才。滨海体育休闲活动刺激性大，同时危险性也大。因此，要加快滨海体育休闲人才的培养，以满足蓬勃发展的滨海体育休闲市场需求。一方面要对现有从业人员进行培训；另一方面也要加快高校滨海体育休闲专业人才的招生、培养，培训一批市场急需的滨海体育休闲人才。

【案例】广东茂名放鸡岛——滨海体育休闲开发与经营

◎案例导读

"作为一种财富的象征，私人所有的岛屿，甚至会取代游艇在今日的地位。"这是《财富》杂志在1930年创刊号上的预测。滨海体育已成为滨海休闲、旅游开发的核心内容。提起广东茂名市台商协会会长、放鸡岛旅游开发有限公司董事长陈明哲，在大陆投资的台商无人不晓。他首期投资三亿元人民币开发广东茂名放鸡岛，从而成为中国首个私人海岛"岛主"，这也开始了全国首例"无居民岛屿开发"的试点。

◎案例展开放

放鸡岛位于广东省茂名市电白县，放鸡岛原名汾洲山，又名湾舟，坐落于电白县东南8海里，属于电白县博贺镇，海拔122米，面积1.9平方公里，是茂名市最大的海岛。海岛地段可分为四个类型：侵蚀剥蚀低丘陵、海积阶地、沙滩、岩滩。由于长期受海蚀作用，基岩裸露，山坡怪石兀立，植被茂盛，景色秀丽。

目前滨海体育休闲项目有：冲浪摩托艇、游艇、海上自助香蕉船、海面拖曳伞、海泳、潜水、钓鱼、沙滩跑车等。

◎案例分析

要点一：强烈的事业心，熟悉行业的发展，坚信滨海旅游的发展前景，能看到大陆经济发展给滨海休闲、旅游带来的机遇。

要点二：定位市场，开展营销，逐步扩大市场规模。

◎案例交流与讨论

传统的旅游、观光已不能适应人和社会的需求，也就是说，吃、住、行、观、购的传统模式必须要有新的创造。

放鸡岛的亮点，除了独立的亚热带海岛，侵蚀剥蚀低丘陵、海积阶地、沙滩、岩滩、裸露的基岩、海蚀糟沟、怪石兀立的山坡外，岛上植被茂盛，景色秀丽；还有独特的山坡别墅及小木屋，可以吃海鲜的海边酒吧等。更具魅力的是滨海体育休闲项目，如冲浪摩托艇、游艇、海上自助香蕉船、海面拖曳伞、海泳、潜水、钓鱼、沙滩跑车等，它们已成为放鸡岛更大的亮点。滨海体育休闲项目的开发，已成为滨海旅游的核心内容。

体验经济是现代社会的重要特征，滨海休闲、旅游是通过滨海体育休闲项目的开发来体现体验经济的特征。人们在进行冲浪摩托艇、游艇、海上自助香蕉船、海面拖曳伞、海泳、潜水、钓鱼、沙滩跑车等运动中，消除工作疲劳、宣泄社会压力，体验大海的宽阔，激发对大自然的热爱，树立环保意识。

4.3 垂钓休闲

4.3.1 垂钓项目的起源与发展

垂钓由单一的谋生手段发展到集谋生、娱乐、休闲、健身、养生、商业开发等多元功能上。垂钓活动的这种形态与功能的变化，从一个侧面彰显了人类社会、文化的发展和变迁。今天，垂钓活动已风靡世界，垂钓休闲小镇也因此获得了一个非常大的发展空间。垂钓休闲小镇是以包括休闲渔业在内的渔业活动为"元",融合了体育、文化、娱乐、商业等元素,以"垂钓体验"为经济提供物的"经济文化活动和身体文化活动"。本节主要从垂钓项目的起源与发展,垂钓休闲小镇的概念、类型与特点,国内外垂钓休闲小镇的发展,垂钓休闲小镇的经营理念及营销策略这四个部分进行了较为详尽的阐述和解析。

垂钓俗称"钓鱼",是使用钓竿、鱼钩、鱼线等工具从江、河、湖、海和水库等处获取鱼类的一项具有浓厚情趣、老少皆宜的集运动与娱乐,健身与修养,动与静相结合的一种休闲体育活动和竞技体育运动。分淡水钓和海钓两大类;又可分为岸钓和船钓两种。技法有沉底钓、流水钓、拖拽钓、浮钓、悬钓等。

我国是一个陆地大国,内陆水域面积约为 1 760 万公顷,占国土面积的 1.8%,其中湖泊总面积占内陆水域面积 42%;全国已建成的水库 8.5 万座,总面积 200.5 万公顷。我国同时又是一个海洋大国,拥有 300 万平方公里的管辖海域。大陆海岸线 1.8 万多公里,岛屿 7 300 多个,岛屿海岸线 1.4 万多公里;大陆和岛屿岸线蜿蜒曲折,形成了许多优良港湾,为鱼类繁殖、生长场所。10 米等深线以内浅海面积为 743.2 万公顷,最适于发展休闲渔业,这为垂钓提供了充足的自然条件。垂钓作为其中一项活动已风靡世界,垂钓休闲小镇也因此获得了一个非常大的发展空间。

4.3.2 垂钓休闲小镇的概念及类型

1.垂钓休闲小镇的概念

休闲、娱乐、旅游、餐饮等行业与渔业有机结合为一体,提高了渔业的社会、生态和经济效益,形成一种新型产业,称之为休闲渔业。在美国,休闲渔业的概念较为狭义,主要包括以健身和娱乐为目的、含陆上和水上运动垂钓的渔业行为,这种以垂钓业为主要形式的休闲渔业发展很快,并逐步成为现代渔业的支柱产业,其市场前景十分广阔。

垂钓休闲小镇可以界定为:利用海洋和淡水渔业资源,依托垂钓设备与空间、渔业生产基地、渔业产品、垂钓经营活动、垂钓地自然环境与人文资源等发展起来的，与人们的休闲生活、休闲行为、休闲需求(物质、精神和健身)密切联系，与现代户外运动与旅游相结合的新型交叉小镇。

2.垂钓休闲小镇的类型

垂钓休闲小镇的种类可以根据不同的标准进行分类。从垂钓休闲小镇的发展模式上可以分为生产经营型、技术服务型、观赏娱乐型、休闲垂钓型；根据经营活动方式可分为垂钓体验型、游览观光型、品尝购物型、竞技展示娱乐型等；根据垂钓者参与方式、参与程度、垂钓目的等不同可分为单纯性垂钓、观光型垂钓、娱乐型垂钓。

4.3.3 垂钓休闲小镇的特征

垂钓休闲小镇主要呈现出以下几个特征：以渔业活动为依托；特定的客源市场范围；体验性强，重游率高；区域性强，布局因地制宜；产业链长，经济效益、生态效益和社会效益兼顾。概括来说，垂钓休闲小镇的属性特征是由其自身资源的特性和垂钓休闲小镇的渔业与旅游业相结合的共性决定的。

4.3.4 垂钓休闲小镇的经营模式与营销策略

1.俱乐部(协会)经营模式

顾名思义，钓鱼俱乐部(协会)本是喜爱钓鱼的人自发组织的社团组织，在一起互相讨论垂钓的技巧、经验。后发展成一种经营项目，开始向商业化发展。现存的最古老的钓鱼俱乐部是爱莱姆的钓鱼俱乐部，它是1829年由爱尔兰和伯维克郡的一伙绅士创立的，1830年4月29日举行了首届俱乐部全体会员年会。

英国的Birmingham钓鱼协会号称世界上最大的钓鱼俱乐部，鼎盛时有7万会员，1 200个二级俱乐部，它的政治力量和社会力量就比个体大多了，他们经营自己的水域，组织放流，为新人提供学习机会，组织比赛等。他们的主要经营方式是：拥有15个以上成员的垂钓俱乐部，在国家的任何地方，它可以附属于Birmingham钓鱼协会，而且是完全免费的，每年不需要缴纳注册费，唯一的条件是它的每个单独的成员必须成为 Birmingham 钓鱼协会的成员。附属的俱乐部每年可在 Birmingham 钓鱼协会任何的水域预定 5 场比赛,随着俱乐部成员人数的兼容,他们选择的任何垂钓日期(视情况而定)都完全免费。

此外,附属的俱乐部可以购买额外的一些运河、河流、比赛用池,只需要 2 英镑。

在美国要想钓鱼,得先领执照,花 20 美金在当地钓鱼俱乐部填上一张表格,委托他们向州管理委员会申请执照。俱乐部会给你一本小册子,里面详细记载了钓鱼的注意事项和禁忌。例如:钓鱼的季节和时间,什么地方钓什么鱼,多大的鱼才能钓走等。美国的经营理念是不错的,它的原理就是用经济手段调动社会力量实现对自然环境的检测和经营管理。

在德州,人们从事内陆水域垂钓的年费为 28 美元。钓鱼证费用的收入也都运用在鱼类的研究、鱼苗的放养、鱼类栖息地的改善、鱼类管理人员的聘用上,以及取缔非法捕鱼等,以确保溪流中有丰富的鱼类。垂钓者付了少许的费用,却拥有优异的垂钓环境,因此最大的受惠者仍是垂钓者。

鱼苗孵化计划所花费的经费,不得超过从钓客处所收到的执照费,由此可知孵化放养工作顶多只能增加钓鱼机会,并非无限制提供鱼类供人垂钓。例如在美国加州圣地亚哥的 Murray 湖,在自然的状况下,每年仅提供七千磅的鱼获。

然而自从在开始收费后的两年内放养稚鱼后,垂钓期间便开始延长,人员也增加至五万人,而鱼获量则增加至五万磅。这种"垂钓者付费—政府经营"的运作方式令垂钓者相当满意。

与美国人对于垂钓休闲业经营理念相似,法国人对于垂钓休闲的组织也是非常细密的。例如,法国本土的 96 个省都有自己的钓鱼协会,每个省的各个地区、市镇也都有自己的钓鱼协会。各地的钓鱼协会对所豁区域内的河流、湖泊一年四季的垂钓时间以及什么鱼可钓,什么鱼不可钓,多大尺寸或重量可钓(标准以下者必须放生),都有极为明细的规定。其法规条文之烦琐,真正达到了登峰造极的地步。

在中国,1983 年于江苏省无锡市成立的中国钓鱼协会,是我国唯一在国家民政部履行社团登记手续的具有法人代表资格的民间社团组织,也是唯一代表中国参加国际钓鱼组织及活动的合法机构。现在,中国各大中城市(甚至包括一些小城市)也都成立了钓鱼协会。此外,由国务院国有资产监督管理委员会行业协会属下的中国文教体育用品协会钓具专业委员会也于 2006 年 6 月 12 日更名成立,指导和管理其下属各钓具俱乐部。钓鱼协会或钓具俱乐部的宗旨殊途同归。通过钓鱼协会或钓鱼俱乐部的工作,在政府、行业组织及信息服务体育小镇之间发挥桥梁和纽带作用,从钓鱼爱好者的实际需求出发,搭建沟通渠道,对于繁荣垂钓市场,促进垂钓休闲小镇的发展,起到积极的推动作用。

2.钓具市场营销策略

随着我国垂钓休闲小镇的发展,近几年中国钓具业取得非常好的发展业绩。

自 20 世纪 80 年代中期开始,国内才有了专业生产钓具的体育小镇,且都是私营作坊式起家。发展到现在已拥有生产体育小镇几千家,规模大的产值能达几个亿,目前中国钓具产量已经占到了世界的 80%。除满足国内钓具市场外,有 70% 的产品出口到国际市场。

纵观整个钓具市场,经历了 20 世纪 80 年代中期到 90 年代中期 10 年的钓具商品的短缺和营销的火爆,钓具市场已逐渐走向成熟。在世界钓具商品市场激烈竞争的条件下,我国钓具市场现面临着生产能力的过剩,许多钓具生产供应商采取以出口为主,减少国内钓具市场压力,由此呈现外向依存度高的特征。整个钓具产业发展,已经由 20 世纪末的生产能力问题转移到了流通和消费领域。

目前我国钓具市场营销模式主要有两种,代理型和直销型。代理型是中国钓具行业发展以来沿用范围最广,时间最久的销售模式,所占比例大,其优点是省心省力,不用积压库存,缺点是没有品牌或者是有品牌但市场混乱。直销型的优点是可以打自己的品牌,有自己固定的销售渠道,反馈信息快捷,缺点是积压大量库存。这两种模式都不违背市场的发展规律,都可以健康发展下去。

不管是哪种模式,采取的营销策略主要有以下几种:

(1)产品的创新与质量是钓具业生存发展的生命线,也是影响营销效果的第一要素。追求品牌效益和产品质量,是钓具生产供应商的追逐目标。我国目前虽然已成为全球钓具生产大国,但主要生产低档普及品、初级品和中级品为主,高端品牌或高质量的产品生产为数很少,极品几乎是一大空白。因此,多年来为满足一些较高层次消费者的市场需求,部分高级品牌、极品钓鱼线轮和相当数量的钓具创新新产品仍然依靠进口。

(2)价格争战的营销策略。在钓具商品市场激烈竞争的条件下，钓具生产体育小镇为保障体育小镇的生存和提高市场的占有份额，把价格竞争作为促销和扩大体育小镇界影响的一个重要手段。1995年，我国钓具商品供过于求的现象已十分明显。而1997年东南亚金融危机之后，韩国水货钓具以超低价格向我国市场抛售，更促使我国钓具产品大幅降价30%~40%。由此，钓具大战日益激烈。在价格的争战中，钓具经销商和钓具生产供应商都以降价促销手段作为赢得市场有效需求的营销策略，价格之战已成为钓具生产商优胜劣汰的重要竞争武器，其结果将形成钓具生产体育小镇在国内市场营销的重新整合，随之品牌效应将会日益突出。

(3)钓具零售加盟的营销模式。钓具零售加盟将会成为一种潮流，在严酷的市场竞争特别是价格竞争的情况下，许多发达国家的营销经验告诉我们，减少商品流通层次。实现零售商品的价格竞争力，发展商品零售业将是发展市场经济营销模式的重点和热点。由钓具生产供应商直接向零售商供货，并且实现有目标、有制约的代理制或加盟制、商业连锁，供应商与零售商实现现汇买断交易，零售商不再依靠供应商的资金铺垫而滚动发展，减少商品流通中的经销层次，在保有零售商应获利润的前提下，使零售商品直接同钓具消费者见面成交，强有力地发挥了市场价格的竞争优势。

(4)市场营销与售后服务组合策略。在市场激烈竞争的态势下，钓具生产供应商之间优胜劣汰的竞争结果，势必使产业集成度迅速提高，品牌产品之间的差异化逐渐趋于明显，追求品牌效益和品牌产品市场的占有率，将会成为钓具生产供应商的追逐目标。因此，实施代理制、加盟制和连锁制策略，则是实现市场营销统一管理、广告宣传统一策划和支持、统一商品物流配送、统一建立售后服务体系的运营前提和保证。

(5)刺激源头策略。所谓刺激源头策略，就是将消费者视为营销的源头，根据产品的功效特征，选准消费群体，准确地提出最能反映产品功效，又能让消费者满意的诉求点。通过营销活动，不断地刺激消费者购买需求及欲望，实现最大限度地服务消费者的策略。从目前钓具营销的市场情况分析，低档普及品的消费将会逐渐减少，高档和进口钓具在国内市场仍然被钓者看好。因此，要拉动钓具市场的消费，除在宏观上伴随着整个国民经济大环境的调整外，钓具体育小镇应重视消费热点的培育，摆脱仅限于价格竞争手段的促销活动，需进一步拓展传统钓具和海钓、溪流钓、野钓的市场需求潜力。

第 5 章 解读体育小镇

5.1 体育小镇概念及政策

体育小镇又称"体育特色小镇",是在国家密集出台的促进特色小镇与体育产业发展的双重政策引导下产生的,是特色小镇的一种形式;同时,又是"全民健身"与体育运动逐渐常态化、休闲化、全民化大背景下,体育产业发展的重要载体与抓手。本文主要聚焦体育产业,从政策机遇与指向来研究、梳理、解读体育小镇相关政策。

2014 年 10 月,体育产业的里程碑式文件——国务院 46 号文件《关于加快发展体育产业促进体育消费的若干意见》出台,首次将体育产业发展定位为国家战略,并强调了体育的经济功能,提出"体育产业成为经济转型升级的重要力量",这一政策吹响了体育产业迅猛发展的号角。2016 年,体育产业市场化发展的步伐加速,各项配套政策密集出台:《体育产业"十三五"规划》提出构建结构合理、布局均衡、功能完善、门类齐全的体育产业体系;国家体育总局与国家旅游局,联合加速推进体育产业与旅游产业的融合发展,并对 2020 年的发展目标提出了明确要求;《关于加快发展健身休闲产业的指导意见》推动体育产业向纵深发展,挖掘和释放参与性体育消费的潜力。

5.1.1 政策红利——体育小镇面临历史性的发展机遇

一系列促进体育产业及体育旅游产业发展的政策纷纷出台,这不仅为体育产业的持续发展带来政策保障,更绘就了产业发展的美好蓝图。

从体育产业总规模来看,46 号文件《关于加快发展体育产业促进体育消费的若干意见》中提出,到 2025 年,体育产业总规模将超过 5 万亿元,成为推动经济社会持续发展的重要力量;《体育产业发展"十三五"规划》中提出在"十三五"期间,实现体育产业总规模超过 3 万亿,产业增加值在国内生产总值中比重达到 1%。2015 年,我国体育产业规模总产值为 1.7 万亿元,未来发展潜力巨大。

另外,在产业发展细类中,《水上运动产业发展规划》《航空运动产业发展规划》和《山地户外运动产业发展规划》指出,至 2020 年,这三项运动产业总规模计划要达到 9 000 亿元,占体育产业生产总值的近 1/3。

从产业落地载体来看,《旅游产业"十三五"规划》提出,建设 50 个国家体育产业示范基地、100 个国家体育产业示范单位,100 个国家体育产业示范项目。《关于大力发展体育旅游的指导意见》指出,到 2020 年,在全国建成 100 个具有重要影响力的体育旅游目的地,建成 100 家国家级体育旅游示范基地,推出 100 项体育旅游精品赛事,打造 100 条体育旅游精品线路,培育 100 家具有较高知名度和市场竞争力的体育旅游企业与知名品牌。

无论是体育产业示范基地、体育产业示范项目,还是体育旅游目的地、体育旅游示范基地,都与体育小镇有着天然的契合:体育小镇作为体育与其他产业融合发展的重要载体,既能够助力供给侧结构性改革,又可以满足消费方式从实物型向参与型和观赏型扩展的需求,既是产业聚集区,又是消费聚集区。

在地方有关体育产业的实施意见中,已经开始探索体育小镇这一形态的发展。2015 年 6 月,浙江省政府出台《关于加快发展体育产业促进体育消费的实施意见》指出将"培育创建一批体育特征突出、产业基础较好、产业融合潜力较大的特色小镇",力争培育 3~5 个以体育产业为主要载体的特色小镇。同年 9 月,江苏省体育局印发《省体育局关于开展体育健康特色小镇建设工作的通知》《省体育局关于做好体育健康特色小镇共建推荐工作的通知》,并在江苏体育产业大会上,以省地共建模式在全国率先启动 8 个体育健康特色小镇建设。京津冀地区借力 2022 年冬季奥运会，打造冰雪特色小镇，以承德市为例，将在未来十年打造冰雪旅游特色小镇集群，构建冬季体育旅游之都。这些都将为体育特色小镇的建设积累经验。

5.1.2 政策指向——体育+、体验式消费、产城融合将成为关键词

1."体育+"将成为体育产业发展的关键

2014 年，国务院 46 号文件的出台就已经确定了"促进体育产业与其他产业相互融合"的政策方向，明确提出"推动体育与养老服务、文化创意和设计服务、教育培训等融合，促进体育旅游、体育传媒、体育会展、体育广告、体育影视等相关业态的发展"；2016 年 10 月国务院印发的《关于加快发展健身休闲产业的指导意见》，提出推动"体医结合"，发展运动医学和康复医学，促进健身休闲与文化、养老、教育、健康、农业、林业、水利、通用航空、交通运输等产业融合发展；2016 年 12 月发布的《关于大力发展体育旅游的指导意见》进一步强调"加强体育旅游与文化、教育、健康、养老、农业、水利、林业、通用航空等产业的融合发展，培育一批复合型、特色化体育旅游产品"。

可见，未来，体育与文化、教育、旅游、健康、养老、地产、传媒、信息、金融、农业等产业的融合发展将进一步加深，融合后的"外溢效应"也将成为体育产业价值的增长空间。

2.体验式消费将成为引领体育产业发展的新热点

挖掘与释放消费潜力，一直是各大政策出台着力要解决的问题。《体育产业"十三五"规划》提出，"十三五"时期，我国体育消费方式将从实物型消费向参与型和观赏型消费扩展。多个政策文件中也提出支持具有消费引领性的休闲项目的发展，且体育竞赛表演、户外运动、冰雪运动、特种运动将成为发展重点。《关于加快发展健身休闲产业的指导意见》提出，发展户外运动，重点项目为冰雪运动项目，登山、攀岩、徒步、露营、拓展等山地户外运动项目，帆船、赛艇、皮划艇、摩托艇、潜水、滑水、漂流等水上健身休闲项目，汽车摩托车运动项目，

运动飞机、热气球、滑翔、飞机跳伞、轻小型无人驾驶航空器、航空模型等航空运动项目。此外,《意见》还从历史人文角度提出了主要特色运动项目,包括电子竞技、击剑、马术、高尔夫等时尚运动项目与武术、龙舟、舞龙舞狮等民族民间健身休闲项目。

3.产城融合将成为未来体育价值的重要着力点

在目前有关体育产业的各项政策中,体育产业发展与城市发展、与区域经济社会发展之间的引导措施已有显露,如《国务院关于加快发展体育产业促进体育消费的若干意见》提出"以体育设施为载体,打造城市体育服务综合体,推动体育与住宅、休闲、商业综合开发";《国务院办公厅关于加快发展健身休闲产业的指导意见》提出,结合新型城镇化建设、社会主义新农村建设、精准扶贫等国家重大部署,以健身休闲重点运动项目和产业示范基地等为依托,发挥其辐射和带动效应,促进区域经济发展和民生改善。随着体育产业的不断融合、深化发展,其在区域经济社会发展中的作用将会不断凸显。

综上,2017年之后,随着体育旅游相关政策及特色小镇相关政策的推进落实,随着体育产业市场化的推进、休闲化体验化的增强、消费潜力的不断挖掘、与旅游健康养老等产业的渐融式发展,在2016年兴起的建设特色小镇浪潮的推动下,体育小镇这一能够集合体育、旅游、文化、健康等多种产业,能够集合体育、商业、餐饮、养生等多种消费业态,能够带动地方社会经济发展的业态,将成为体育产业发展的重要载体与抓手,成为经济转型升级的重要力量,也将成为特色小镇发展中的亮点。我们将迎来体育产业与体育小镇发展的爆发期!

在全民健身概念的推广下,人们的生活观念、生活方式发生了巨大变化,体育运动逐渐成为大家日常生活中的一项活动。随着体育运动全民化、常态化、休闲化,体育产业得到更长足的发展。除了传统的运动赛事、健身休闲等项目以外,在特色小镇推出并快速发展的背景下,体育特色小镇成为体育产业的新业态。

5.2 体育小镇类型及发展

近年来,大健康理念推行,大健康产业具有巨大的市场潜力。大健康产业可以理解为围绕满足各类健康(身体、精神、环境)需求的所有产业总称,其中包括休闲健身、健康管理、健康咨询等多个与人类健康紧密相关的生产和服务领域。目前,我国依托大健康四大产业层级,形成了囊括医疗产品、服务、健康管理、环境、康体养生、智慧养老、商业配套、产业配套等全产业链的健康产业谱系,而体育小镇也可以看作是大健康与体育运动相结合的新形式。

目前,我国大健康产业发展处于初级阶段,尤其是健康管理正处于市场培育阶段,因此,产业发展具有空间大、增速快的特点。据数据显示,2017年大健康产业规模达4.4万亿元,预计2018年将达5.4万亿元。康体型小镇需求有待持续开发,市场前景广阔。

体育小镇,是我国体育产业和新型城镇化结合下的新业态。体育运动包含多个方面,因此体育小镇也不是单一的,可以分为四大类:产业型体育小镇、康体型体育小镇、休闲型体育小镇、赛事型体育小镇。

5.2.1 康体型体育小镇

康体型体育小镇主要突出当地养生资源特色,打造良好的养生环境。同时以体育项目为载体,以健康养生为目标,结合旅游、疗养等方式形成的康体型小镇,康体型小镇是体育与大健康相结合的典型案例。

5.2.2 产业型体育小镇

产业型体育小镇主要以体育用品制造业为主,同时延伸至培训、研发设计、会展、互联网等领域。结合多个产业链环节,形成二三产融合发展的产业聚集区。

产业型体育小镇以体育用品的生产制造及其上下游为核心功能,同时配套一系列的休闲体验。小镇依托城市发展，一般分布在大中城市的周边，以核心类型企业为中心，同时有产业链其他相关企业、延伸服务型企业围绕分布，形成"一个中心，多个散点"的特点。

5.2.3 休闲型体育小镇

休闲型体育小镇以休闲、体验为目的，提供多样的体育休闲运动。根据当地的生态环境不同，小镇的运动主题也不一，如冰雪运动、水上运动、山地运动、极限运动等。

一般休闲型体育小镇会以一个或多个资源项目为核心，通过参观、休闲体验等多种方式让游客参与其中。同时，小镇的生态环境结合运动主题可以打造特色的旅游资源，满足旅客的多重需求。

休闲型体育小镇一般依托景区而发展，与旅游相结合。此类小镇的受众范围广，从个人运动爱好者到家庭休闲体验旅游都可满足，因此小镇的基础设施应当匹配不同游客需求。此外，考虑到辐射范围内的受众数量及消费频率，休闲型体育小镇一般选择建立在城市圈周边或大型旅游目的地的路线上。

5.2.4 赛事型体育小镇

赛事型体育小镇以体育赛事为核心，延伸发展与赛事有关的如物流、直播、翻译等服务，同时也提供休闲体验活动，将运动比赛与旅游休闲结合。

体育赛事受到大量的关注，尤其大型的、影响力大的赛事不仅受到定向人群的关注，甚至能达到全民性的高度，因此赛事型体育小镇重点打造好各类赛事的平台。在组织、承办体育赛事时，除了赛事本身还需要关注到赛事参与者、参观游客的衣食住行等方面，这就需要配套酒店、餐饮、翻译等方面的服务。而在赛事结束后，通过延伸 IP 价值，可以结合运动体验、教学；场馆参观；周边产品、纪念物等形式提供旅游休闲活动。

5.2.5 体育小镇的发展

随着特色小镇建设的开展，各地纷纷加快布局各种类型的小镇。其中，体育小镇受到热烈关注。体育小镇的蓬勃发展离不开政策的支持，同时快速发展的体育产业也为小镇的发展提供良好的环境。

(1)政策扶持

2017年5月，体育总局办公厅正式印发了《关于推动运动休闲特色小镇建设工作的通知》，大力推动体育小镇的发展。其中文件提到，到2020年将在全国扶持建设一批体育特征鲜明、文化气息浓厚、产业集聚融合、生态环境良好、惠及人民健康的运动休闲特色小镇；带动小镇所在区域体育、健康及相关产业发展，打造各具特色的运动休闲产业集聚区，形成与当地经济社会相适应、良性互动的运动休闲产业和全民健身发展格局。

与此同时，运动休闲特色小镇的建设工作也在如火如荼地进行着。2017年，经对各省、自治区、直辖市体育局，体育总局有关直属单位和中国足球协会推荐的运动休闲特色小镇申报项目进行筛选，第一批运动休闲特色小镇试点项目名单公开。

(2)体育产业前景广阔

近年来，国家大力支持体育产业的发展。根据国家体育总局发布的《体育产业"十三五"规划》显示，截至目前，泛体育爱好者已达6亿，其中3亿足球爱好者群体，2亿经常观看体育比赛和资讯的用户，1亿观看网络体育视频用户，3 700万热衷的足球迷。到2020年，我国体育产业总规模将超过3万亿，从业人数超过600万，产业增加值在国内生产总值中的比重达1.0%，体育服务业增加值占比超过30%。竞赛表演业、健身休闲业、场馆服务业、体育中介业、体育培训业、体育传媒业、体育用品业和体育彩票作为发展的重点行业。

目前，我国体育行业已经进入快速发展期，体育产业增加值占GDP比重会逐步提升，相比美国以及日韩提升空间大。数据显示，近五年来我国体育产业总值占GDP比重不断提高，从2012年占比0.6%增至2016年的0.9%，上升趋势明显。预计2017年这一比重将超过1%,到2020年中国体育产业增加值在国内生产总值中的比重达 1.0%，体育服务业增加值占比超过 30%。

2012-2016 年我国体育行业产值和增加值五年年均复合增长率分别为 18.94% 和 19.87%，增长十分迅速。在国家政策大力支持引导下，预计到 2020 年我国体育产业总产值能顺利实现突破 3 万亿的目标，到 2022 年体育产业规模将进一步超过 3.5 万亿，增加值也将达 1.14 万亿。

5.3 体育小镇发展趋势

《体育产业发展"十三五"规划》中提到，在"十三五"期间将大力推动"旅游+体育"的体育产业发展，满足人们多元化的体育和旅游需求，这为体育小镇的发展提供一个利好的发展北京。同时《关于推动运动休闲特色小镇建设工作的通知》明确了体育小镇的发展任务及目标，更好的引导体育小镇的发展。

未来，体育小镇将快速发展，数量持续增长。小镇的类型也将更多样，其中冰雪小镇更是在第 24 届冬奥会的背景下得到快速发展。第 24 届冬奥会将于 2022 年在北京举行，即将到来的冬奥会带动了周边城市冰雪产业的发展，不少城市借此大力发展冰雪小镇。预计，2019 年国内体育小镇数量将超 130 个，投资规模将近 5 000 亿元。

特色小镇自开展以来，成为各地热门的发展方向。目前，中商产业研究院在特色小镇领域有着丰富的经验，拥有多个成功案例。中商产业研究院根据十多年的产业规划咨询实践，重点突出可落地可执行，形成"规划先行，统筹安排，分步实施，稳步推进"的落地理念。中商产业研究院致力成为全国领先的特色小镇综合服务专家，搭建三产平台：产业基金、产业小镇、产业龙头；最终实现：挖掘核心竞争力，成就产业领军者。

体育小镇又称"体育特色小镇"，在国家密集出台的促进特色小镇与体育产业发展的双重政策引导下产生，是特色小镇的一种形式；同时，又是"全民健身"与体育运动逐渐常态化、休闲化、全民化大背景下,体育产业发展的重要载体与抓手。

2014年10月，体育产业的里程碑式文件——国务院46号文件《关于加快发展体育产业促进体育消费的若干意见》出台，首次将体育产业发展定位为国家战略，并提出"体育产业成为经济转型升级的重要力量"，这一政策吹响了体育产业迅猛发展的号角。

2016年以来，体育产业市场化发展的步伐加速，各项配套政策密集出台：《体育产业"十三五"规划》提出2020年实现体育产业总规模超过3万亿，产业增加值在国内生产总值中比重达到1%；《关于加快发展健身休闲产业的指导意见》提出推动"体医结合"；《关于大力发展体育旅游的指导意见》提出"加强体育旅游与文化、教育、健康、养老、农业、水利、林业、通用航空等产业的融合发展，培育一批复合型、特色化体育旅游产品"。

此外，在《旅游产业"十三五"规划》《关于大力发展体育旅游的指导意见》等政策中还对体育产业的落地载体作出了具体规划，包括体育产业示范基地、体育旅游目的地、体育旅游示范基地等等，而这些都与体育小镇有着天然的契合，也是体育特色小镇的建设要点：体育小镇作为体育与其他产业融合发展的重要载体，既能够助力供给侧结构性改革，又可以满足消费方式从实物型向参与型和观赏型扩展的需求，既是产业聚集区，又是消费聚集区。

"体育热"给各地的特色小镇带来春风，国家政策也开始扶持各地积极建设特色体育小镇，发展运动休闲旅游业：2017年5月11日，体育总局印发《关于推动运动休闲特色小镇建设工作的通知》；2017年8月10日，体育总局就公布了首批96个体育特色小镇试点名单。

在地方有关体育产业的实施意见中，也已经开始探索体育小镇这一形态的发展，浙江省、江苏省率先发布了体育特色小镇相关的规划意见。京津冀地区也借力2022年冬季奥运会，打造冰雪特色小镇，以承德市为例，将在未来十年打造冰雪旅游特色小镇集群，构建冬季体育旅游之都。这些都将为体育特色小镇的建设积累经验。

5.4 2020年体育小镇前景预测及特色

《关于推动运动休闲特色小镇建设工作的通知》中明确指出，到2020年，在全国扶持建设一批体育特征鲜明、文化气息浓厚、产业集聚融合、生态环境良好、惠及人民健康的运动休闲特色小镇。同时，该通知明确2017年度运动休闲特色小镇的推荐数量。其中，京津冀三省(市)推荐量为3个，其他省(区、市)推荐量为1~2个；体育总局有关运动项目管理中心各推荐1个。照此推算，2017年体育小镇的推荐量至少在45个以上。

综合我国体育小镇发展的政策导向和市场反映情况，前瞻产业研究院分析认为，到2020年我国体育特色小镇的规划建设数量将在100~150个之间。

从目前主要投资案例来看，体育小镇投资呈现投资金额巨大、投资主体多样化等特点，以"酷玩"小镇为例，该项目包括公共设施、体育运动以及休闲旅游项目三大类，除公共设施外，相关项目共有11个，预计总投资高达110亿元，其中"东方山水"综合体投资就有80亿元。

根据前瞻产业研究院的汇总，目前已经建成并投入运营的特色小镇单个投资额在50亿~60亿元之间，照此测算，到2020年我国体育小镇的投资额将在5 000亿~9 000亿元之间。

而事实上，各省(直辖市、自治区)体育小镇规划数量远超国家规划预期，仅在2016年，国内进入建设阶段的体育小镇已经超过100个，按照各省(直辖市、自治区)特色小镇规划，体育小镇将有望突破1 000个，投资规模将成到五万亿。

近年来，我国体育产业、旅游产业发展迅猛，市场规模日益扩大，未来必将成为国民经济新的支柱性产业。而融合体育产业和旅游产业的体育小镇，正借助特色小镇建设热潮，迎来历史发展机遇，有望撑起体育旅游经济的半壁江山。

5.4.1 体育小镇核心产业基础经济分析

体育小镇的核心产业是体育产业和旅游产业，这两个产业在国内均处于成长期，保持强劲增势。

其中，我国体育产业发展态势良好，成为国民经济新兴产业的潜力相当大。数据显示，2015 年，国家体育产业总产出(总规模)为 1.71 万亿元，增加值为 5 494 亿元，占同期国内生产总值的比重为 0.8%，较上年度的 0.64%增长 0.16 个百分点。

旅游产业发展迅速，2016 年中国旅游业对国民经济综合贡献达 11%，中国旅游业对社会就业综合贡献超过 10.26%，与世界平均水平持平。

5.4.2 体育小镇迎来历史发展机遇

在政策推动下，全国兴起了特色小镇建设热潮，融合体育、旅游的体育小镇备受关注，深受地方政府追捧，甚至有望引领特色小镇未来发展的新方向。

根据《体育产业发展"十三五"规划》的要求，"十三五"期间，将大力推动"旅游+体育"的体育产业发展，满足人们多元化的体育和旅游需求，包括冬季冰雪旅游、休闲运动、户外营地、徒步健身绿道、体育健身养生、赛事旅游、体育运动公园、体育场馆观光等。上述项目将成为未来主要的发展方向，也是体育特色小镇的建设要点。各类特色小镇将成为体育休闲产业从传统观赏型旅游向体验式旅游转变，以及健身休闲产业落地的最好载体。

2017 年 5 月 11 日，体育总局办公厅印发《关于推动运动休闲特色小镇建设工作的通知》，明确指出到 2020 年，在全国扶持建设一批体育特征鲜明、文化气息浓厚、产业集聚融合、生态环境良好、惠及人民健康的运动休闲特色小镇。同时，该通知明确 2017 年度运动休闲特色小镇的推荐数量。其中，京津冀三省(市)推荐量为 3 个，其他省(区、市)推荐量为 1~2 个；体育总局有关运动项目管理中心各推荐 1 个。照此推算，2017 年体育小镇的推荐量至少在 45 个以上。

综合我国体育小镇发展的政策导向和市场导向，预计到 2020 年，我国培育的 1 000 个特色小镇中体育小镇的建设数量将在 100~150 个之间，体育小镇的投资额将在 5 000 亿~9 000 亿元之间。

5.4.3 当前国内外体育特色小镇主要呈现以下特色：

1.以单项体育活动或赛事为核心

结合地理区位特征或地方体育产业特色，打造单项体育活动项目的产业集群和产业生态链的体育类特色小镇。如新西兰皇后镇聚焦户外运动、法国沙木尼体育旅游小镇发展滑雪特色运动等。

2.体育产业融合新城区建设

创新一批体育类项目和设施带动小镇建设。特色小镇兼具除体育产业以外的文化、旅游、养生等其他功能，实现生态、环保、养生、宜人的属性。如北京丰台足球小镇、浙江银湖智慧体育产业基地等。

3.引入体育类企业建设运营

参与特色小镇建设企业根据既有资源优势，谋划体育类主题创新，定位体育和旅游等产业融合，集聚资源，组合项目，创新驱动，实现企业成长和体育小镇经济的可持续发展。如河南嵩皇体育小镇、浙江德清莫干山"裸心"体育小镇等。

5.5 国内外体育特色小镇典型案例

5.5.1 国外体育特色小镇

1.新西兰皇后镇

新西兰皇后镇位于新西兰东南部，瓦卡蒂普湖北岸，被南阿尔卑斯山包围的美丽小镇，依山傍水，其海拔高度为1 202英尺。

发展特色：聚焦户外专业运动，发展综合性运动旅游，每年有上万名的游客前来此地观光旅游，冠名"新西兰最著名的户外活动天堂"。

借鉴意义：做精品牌，拓展产业。由单一运动引爆，做专项运动体验；做好赛事节庆推广，做响运动品牌，融合其他运动，做大延伸体育旅游产业链。

2.沙木尼体育旅游小镇

沙木尼体育旅游小镇位于法国中部东侧，毗邻意大利和瑞士，阿尔卑斯山主峰勃朗峰下，市中心海拔1 035米，是法国高度最高的镇之一。

发展特色：现代登山运动发源地，体育旅游服务与设施完善，包括登山缆车、山地救援及登山向导。沙木尼设有高山救援队，负责区域山区救援，全天候值班巡逻。目前有超过150名的高山向导，每年服务超过数以万计的各地游客。沙木尼有世界上第一所登山向导学校——法国国家滑雪登山学校。此外，小镇还设有国家滑雪和高山警察培训中心、高山军校、高山医学研究所等相关的高山机构。

借鉴意义：借助知名国际体育赛事，打造特色体育旅游品牌。该地区登山运动经历百余年发展已经逐步成熟，为现代山地运动奠定了坚实的基础。1924年第一届冬季奥运在此举办，世界性的滑雪教练训练中心也在这里落户。

5.5.2 国外体育特色小镇

1.嵩皇体育小镇

嵩皇体育小镇位于河南登封，坐落于风景秀美的嵩山三皇寨风景区，由河南嵩皇体育产业有限公司和河南省锦绣智达置业有限公司联手打造，规划占地31平方公里，小镇近距登封各景点。

发展特色：联合体育、航空、户外、旅游企业共同打造多元化、体验式的体育旅游小镇。聚焦赛车、航空体育运动、登山、乒乓球、拓展等多种运动训练项目为一体，融合观光、餐饮、住宿、会务、婚礼、养生等多种元素的户外体育运动主题公园。

借鉴意义：借助著名风景区，探索体育项目集聚。河南登封被誉为"功夫之都""武术之乡"，体育小镇借助于少林寺的影响力和武术产业基地，兴起马拉松、汽车拉力赛、登山等其他运动项目，逐渐向多元化旅游产业方向发展。

2.莫干山"裸心"体育小镇

莫干山"裸心"体育小镇位于浙江德清莫干山，目前德清本地有体育产业企业70多家，均以体育健身休闲、场馆服务及体育用品的销售和制造为主，实现体育产业销售收入过百亿元，体育产业集群效应明显。2016上半年，德清乡村旅游接待游客176万人次。

发展特色：小镇以打造"裸心"体育为主题，规划"一心一带两翼多区"全力打造体育特色小镇。将体育、健康、文化、旅游等有机结合，以探索运动、户外休闲、骑行文化等为特色，带动生产、生活、生态融合发展。

借鉴意义：依靠体育产业传统优势，活化"体育+旅游"产品。小镇将长期打造辐射长三角地区的户外休闲运动品牌，将体育产业、文化、旅游三元素有机结合，打造成为具有山水特色的"户外运动赛事集散地、山地训练理想地、体育文化展示地、体育用品研发地、旅游休闲必经地和富裕民众宜居地"

3.绍兴柯桥酷玩小镇

绍兴柯桥酷玩小镇坐落在绍兴市柯桥区柯岩街道，小镇建设面积3.7平方公里，总投资110个亿，小镇区域内有国家AAAA级风景区柯岩－鉴湖－鲁镇景区、乔波滑雪馆、鉴湖高尔夫球场等旅游休闲资源，还有在建和在规划中的天马赛车场、若航直升机场、毅腾足球训练基地、酷玩城市体育综合体、鉴湖水上运动基地等项目。

发展特色：小镇聚焦在体育设施方面，柯岩"酷玩小镇"包括八大体育休闲类项目，乔波滑雪馆、若航直升机场、天马赛车场，另外还将新建环鉴湖慢行道、鉴湖码头、酷玩乐园、综合体育场等，可满足大众康体休闲和专业高端运动的需要。

借鉴意义："政府+企业"合作，打造体育旅游新概念。柯岩街道建设"酷玩小镇"已具备山水环境、产业基础等先天优势，经过政府、企业之间的接洽形成小镇蓝图。打造一个涵盖低中高端游乐特色，融合基础服务、休闲旅游、运动体验于一体的特色小镇，为柯桥和绍兴带来经济、社会和生态多重效益。

4.海宁马拉松小镇

海宁马拉松小镇总面积约3.6平方公里。产业定位为运动休闲旅游，以马拉松运动主题为核心，兼顾发展徒步、暴走、毅行、定向、拓展、露营、自行车等相关项目，形成休闲运动与旅游相结合发展的体育旅游经济。2014年，景区游客量达315万人次。

发展特色：借助景区内全长约 12 公里的生态绿道，打造永久的马拉松项目，将体育与休闲结合起来促进当地发展。同时，计划引进房车营地、帐篷酒店、木屋酒店等旅游休闲、运动产业，用运动休闲来刺激当地的体育旅游产业发展。

借鉴意义：时尚体育项目+知名景区优势。结合海宁盐官镇百里钱塘观潮景区优势，发展以马拉松为特色的运动休闲旅游。设计为广大马拉松爱好者训练、体验、测试的地方，将这里定位成体育爱好者的基地，成为大众运动休闲的去处。

5.平湖九龙山航空运动小镇

平湖九龙山航空运动小镇平湖市九龙山省级旅游度假区内。小镇规划面积 3.45 平方公里，建设面积 1 586 亩，由浙江九龙山开发有限公司开发建设。小镇 3 年计划总投资 57.8 亿元。预计至 2017 年，预期实现营业收入 20 亿元，税收 1 亿元，接待游客 200 万人次。

发展特色：小镇构建以健康运动为龙头、健康养生为主导、联动发展健康旅游、培育发展体育和禅修文化的综合产业体系。建设航空运动体验园、赛马马球赛车运动体验园、星海湾国际安养基地、海角城堡养老养生基地、九龙山阿平汉国际学校等一批支撑项目。坚持创新国内健康运动产业发展模式。

借鉴意义："体育运动+养生养老"特色旅游度假区开发模式。以运动健康为主题，并通过举办马球、赛马、高尔夫、帆船等国内外大型赛事以及论坛峰会，拥有较高知名度。入围省级特色小镇创建名单后，九龙山的运动产业转型为消费群体更广的大众化健康休闲运动项目，比如依山建设山地自行车赛道等。同时，还提出了健康养老的概念，九龙湾将建设多个养老基地。

6.北京丰台足球小镇

北京丰台足球小镇占地 2 200 亩，建设 50 片五人制足球场、10 片七人制足球场和 5 片十一人制足球场，足球小镇将囊括足球大厦、足球会议中心、足球风情街、足球博物馆、足球嘉年华、足球狂欢广场、足球奥特莱斯、北京第一座专业足球场等设施。

发展特色：小镇将着重发展足球产业，在建设中引入竞技体育和群众体育高度结合的智能场地技术，引入同步数据分析系统，开发专门的 APP，实现网上定场地、约赛，打造京城最大的足球社区，最终建成融合足球竞技、足球文化、足球科技等概念和要素、城市发展和足球发展对接的创新发展平台,形成足球产业集群和足球产业链,打造中国第一个将城市发展和足球发展对接的创新发展平台。

借鉴意义:突出优势体育赛事,形成足球产业聚群和产业生态链。

7.江苏青马车寨扬州基地

江苏青马车寨扬州基地位于山清水秀,林木葱茏,飞鸟翔集,花香怡人的仪征枣林湾生态园区,利用天然地形地貌建造而成,占地一千多亩。是集体验式旅游,体育赛事运营,户外竞技表演为一体的文化旅游体育综合体。

2014年青马车寨被纳入"青奥会"组委会指定旅游区。迄今已成功举办了两届中国·扬州车马旅游文化艺术节。

发展特色:车马旅游。越野基地内设有:马术比赛场地,训练马场、越野场地(UTV、SUV、摩托车等)、水上皮划艇、射箭场地、真人CS场地、房车露营地、森林拓展运动基地、篝火娱乐会场、集装箱活动营地(艺术客栈)等众多项目。

青马车寨还是江苏省户外与登山协会、江苏省全民健身走协会、美国夸特马协会中国分会等众多机构的专业培训、训练场地;中国人大户外翼之队的定点活动基地。

8.银湖智慧体育产业基地

银湖智慧体育产业基地位于浙江富阳银湖新区,规划面积3平方公里,建设面积1平方公里,项目一期用地约300亩。项目总投资逾50亿元,其中基础设施投入30亿元,产业投资20亿元,涵盖智慧体育相关领域的总部经济业态、旅游休闲娱乐业态、产学研综合业态,建成投运后预计年产值300亿元。

发展特色:聚焦各种室内外新型智慧体育健身娱乐活动,游客可以体验比如打3D高尔夫、玩3D马球等各种VR/AR体育体验项目,突出智慧体育产业特色。

9.冠军小镇

辽宁省大连市冠军小镇从大连杏树屯发起,目前正在与国家体育总局合作,集结全国退役冠军、退役运动员,发起冠军创投基金,为他们再就业提供上岗培训等服务,未来冠军小镇将扩展到全国。目前,金普新区杏树街道规划了三平方公里的区域,计划用3至5年时间,将"冠军小镇"打造成国内一流的冠军创业孵化基地、一流的体育产业发展示范园区和一流的新型城镇化建设先行区。

特色亮点：

通过政府主导、市场运作、企业引领、农民参与的模式，为全国冠军提供创业平台，进行国内顶级赛事运营，并将设立冠军公益基金，对有需求的冠军群体实施公益帮扶，同时还将为市民打造一个独具特色的户外休闲旅游体验基地。

10.白鹭湖体育健康特色小镇

广东省惠州市汝湖利用本地独有的丰富山水资源，引进了高端创意体育旅游项目"欢笑户外运动大世界"落户白鹭湖休闲度假区，占地约800亩。项目将利用该区域的环湖绿道、水域面积、山林田野等现有基础配套，通过全民参与的户外运动、旅游度假和休闲娱乐打造可长期运营的综合性"体育+旅游"目的地。"欢笑户外运动大世界"为惠州打造一张"体育+旅游"的新名片。

特色亮点：农旅结合。汝湖山水资源非常丰富，有东江岸线38公里、绿道24公里，里程数都是全区第一；山塘水库众多，有小型水库8个以上，全区最多；山林面积近8万亩，总面积也排在全区前列。再加上汝湖镇作为农业特色镇，甜玉米、火龙果、番石榴等特色农产品享誉珠三角等优势，都为汝湖农旅结合实现新一轮发展奠定了基础。

规划建设生态科技创新示范园。汝湖镇是中国照明电器品牌基地，目前已经落户了照明行业龙头雷士光电有限公司总部，企业匹配了国际水平同步的研发中心、实验室和检测中心。去年，雷士全集团销售收入50多亿元。依托这一产业优势，汝湖顺势提出了"打造照明电器特色小镇"。

包括汽车文化特色小镇。项目计划分3期建设，一期围绕惠民大道和高速出口核心区，形成完整的汽车销售产业链；二期结合白鹭湖环湖绿道拓展汽车驾考、汽车驾驶体验、汽车竞赛等项目；三期沿东江一侧延伸至汝湖圩镇布局住宅开发，集中现有民宿资源进行以汽车文化为主题的统一改造升级。

11.湖州德清县莫干山"裸心"体育小镇

浙江省湖州市莫干山体育小镇以打造"裸心"体育为主题，将体育、健康、文化、旅游等有机结合，以探索运动、户外休闲、骑行文化等为特色，带动生产、生活、生态融合发展，重点开发如Discovery探索极限基地、久祺国际骑行营、莫干山山地车速降赛道、"象月湖"户外休闲基地项目。

特色亮点：依靠体育产业传统优势，该小镇活化"体育+旅游"产品，将打造辐射长三角地区户外休闲运动品牌，引领高端体育企业，大力开展探索、骑行、攀岩、马拉松等户外活动，将体育产业、文化、旅游三元素有机结合，使其成为具有山水特色的"户外运动赛事集散地、山地训练理想地、体育文化展示地、体育用品研发地、旅游休闲毕竟地和富裕民众宜居地"。

12.百丈时尚体育小镇

浙江省杭州市浙江顺泰百丈具有300年历史的水边小镇，临浙南最大的人工湖"飞云湖"，浪漫海棠半岛的打造，时尚小镇的崛起，百丈镇是集优美自然风光、健康休闲旅游、时尚体育基地于一身的美丽乡镇。百丈依托山水资源优势，抢抓适宜适度开发飞云湖的历史机遇，大力发展水上优势，引进运动队伍，把运动和时尚旅游相结合，着力打造"时尚体育小镇"。成功申报国家水上运动后备人才基地和国家体育训练基地。

特色亮点：

时尚理念够塑体育景观：打造环湖绿道色彩缤纷景观旅游带，打造别致的时尚体育公园。有机结合体育产业和休闲旅游，大力发展乡村旅游、民宿经济。

环飞云湖慢行系统：该项目总长28公里，融合健步、骑行、观湖赛、马拉松等功能，打造一环、两带、八组团的环飞云湖色彩缤纷景观旅游带。

镇域建制去打造海棠半岛：依托环湖小岛资源，打造湖畔露营基地，建设集淋浴、公厕、露营设备租赁一体的游客服务中心。

13.北仑国际赛车小镇

浙江省宁波市北仑国际赛车小镇位于春晓街道爬山岗区域，规划总面积3.57k㎡，春晓属汽车之城，云集吉利、敏实、拓普等国内知名汽车整车及零造件制造商，是汽车的生产基地，利用区域曲折蜿蜒的山坡地形，打造全长4km的赛道，是目前为止全球唯一看台在山坡高地的赛车场，是国内第二家同时拥有汽车比赛和摩托车比赛"双证"的场地，能举办除了F1以外的所有方程式赛事和世界摩托车锦标赛，打造成一个以赛车文化为主导，集赛车赛事、休闲娱乐、餐饮、旅游购物等功能于一体的赛车特色小镇。

特色亮点：

具有一定特色的国际赛道建设，成为有国际知名度和影响力的大型赛事赛车的举办地；

利用赛道发展为赛车爱好者的体验基地，结合赛车的观赏性及一定的参与性功能，发展休闲旅游和豪车 4S 店的销售展示等功能，形成大型赛事带动的体育旅游类特色小镇。

将启动小镇客厅项目及房车基地，后年将建设汽车主题乐园、滨水慢行系统项目。

5.6 政策助推，特色小镇应运而生

数据显示，仅在 2016 年，国内进入建设阶段的体育小镇已经超过 100 个，2017 年，这个热度持续升温。在这些小镇的规划蓝图中，自行车、马拉松、钓鱼、登山、冰雪等户外项目成为热门主题。

发展体育特色小镇，江浙两省的反应速度奇快。

2016 年 7 月，浙江省政府出台《关于加快发展体育产业促进体育消费的若干意见》指出将"建设环杭州湾、环舟山群岛、环太湖和环浙南等运动休闲发展带"，"培育创建一批体育特征突出、产业基础较好、产业融合潜力较大的特色小镇"，力争培育 3~5 个以体育产业为主要载体的特色小镇。

2016 年 9 月，江苏省体育局印发《省体育局关于开展体育健康特色小镇建设工作的通知》《省体育局关于做好体育健康特色小镇共建推荐工作的通知》，启动江苏体育健康特色小镇建设工作。

江苏省体育局与仪征市枣林湾生态园、江阴市新桥镇、南京市汤山温泉旅游度假区、淮安市淮安区施河镇、溧阳市上兴镇、南京市高淳区桠溪镇、宿迁市湖滨新区晓店镇、昆山市锦溪镇等首批 8 个体育健康特色小镇所在县(市、区)政府签署了共建协议，以省地共建模式启动体育健康特色小镇建设。

2020年北京、张家口举办冬奥会的东风也让国内冰雪产业迎来发展良机。北京周边以及东北地区发展冰雪小镇的消息也越来越多。

亚洲体育产业协会副主席、北京体育大学管理学院副院长林显鹏对于冰雪特色小镇的发展表示期待。

林显鹏看来，冰雪特色小镇是具有明确冰雪产业定位与冰雪文化内涵，生产、生活、旅游、居住等功能叠加融合，呈现产业特色化、功能集成化、环境生态化、机制灵活化、具有明确空间边界的体育功能载体平台。

"冰雪体育特色小镇应具备产业特色鲜明，文化积淀深厚，产业融合集聚，生态环境宜居，功能高度集成，多元主体参与六种特点。"

地理优势，新业态提升幸福感

依山傍水不愁吃喝，华夏大地的多貌地形也为发展体育特色小镇提供了更多天然资源。

在辽宁大连瓦房店将军石镇，依靠渤海辽东湾丰富的岸线资源和宜人气候，借助成功举办第十二届全运会帆船帆板比赛的重要契机，成功开发建设体育休闲特色小镇。

小镇内，海洋温泉度假区、水上运动区、山地运动区、休闲养生区、生态采摘区、养殖体验区等六大功能分区满足人们不同消费需求，丰富的海域资源呈现千帆竞秀，海景滑雪场在去年冬季正式营业。

房车露营地、越野车赛场已成为汽车发烧友的欢乐家园，赛艇皮划艇基地完成工可研报告，国际钓鱼基地、马术俱乐部、航空俱乐部、国际帆船游艇培训学校已完成注册。

从航空、帆船、汽车露营到自行车、登山，不同的运动人群在体育小镇的世界里都能寻找到适合自己的休闲目的地。这种产业形态带来的福利不只体现在GDP，更在于提升人们的幸福感。

5.7 小镇开发别走弯路

体育小镇在中国的发展处于刚刚起步阶段,国内没有太多经验可以借鉴,但体育小镇在国外有丰富的案例可供参考。

从美国圆石滩、法国勒芒的汽车运动小镇到新西兰皇后镇的户外运动胜地,再到法国沙木尼小镇的滑雪天堂,有太多成功经验可以汲取,但同时,也要总结前人的"教训",别走弯路。

美国的普莱西德湖,人口不到 3 000 人的小镇因举办 1932 年和 1980 年两届冬季奥林匹克运动会而闻名于世。此后,普莱西德湖发展成为体育小镇。

1932 年,该镇人口 2 000 多人,现在人口总数 6 000 人,当地特色产业多年来也并没有因为奥运会的举办而完善,体育特色小镇这个名片并没为这个地方发展带来太多红利。

北京大学国家发展研究院体育商学院院长易剑东认为,发展体育小镇,要因地制宜,把当地特色体育项目相关的生产、生态、生活全部融合进小镇。

"体育小镇项目要考虑空间的比较优势,如在大城市周边做第二居所,同时要依托当地人口,并且要考虑引入合适的赛事。"

北京大学中国体育产业发展研究中心主任何文义认为,休闲类体育运动可以分两种形态:竞技观赏型和体验型,两者都能与运动休闲类小镇契合。

尤其是后者,随着全域旅游、全域体育的兴起,特色小镇可以把体验类运动休闲与亲子游、家庭游、颐养养老等有机结合在一起。

2016 年以来,三部委为推进特色小镇发展部署了一系列重要决策,特色小镇成为亮点。政策指引下,资本齐齐聚焦,加之,随着大众消费结构升级,体育消费越来越成为人们的诉求。政策、资本、需求共同发力下,体育小镇势头逐渐发热。

第 6 章 运动性休闲体育项目活动及设备的选购

6.1 戏水运动

6.1.1 戏水运动

戏水运动狭义上称为游泳运动，它是在不同环境、不同设施、不同形式的游泳池内进行游泳、潜水、静浮和嬉戏等运动方式。戏水是一项很有锻炼价值和实用价值的运动，经常戏水，可以增强内脏各器官功能，特别是呼吸器官。

由于游泳时胸部要受到 12~15 千克的水压，呼吸条件比陆地上困难，所以经常戏水的人肺活量都比较大。实践证明，一般人的肺活量为 3 200 毫升左右(男女有别)，呼吸差为 6~8 厘米；而游泳运动员的肺活量可达 4 000~6 000 毫升，呼吸差达 12~15 厘米。

戏水运动是一项集水浴、空气浴、日光浴为一体的健身和休闲的体育活动，它能增强肌体适应外界环境变化的能力，如抵御寒冷，预防疾病。总之，戏水运动是一项活动量大、消耗热能高、使人身心舒畅的活动。许多男士对游泳有狂热的追求，一些少年儿童和女士则对潜水和水中嬉闹游戏更为青睐。所以戏水运动越来越受到人们的欢迎。

戏水运动根据戏水环境特点可以分为：

1. 室内戏水

室内戏水是在人工营造的室内环境中进行戏水的活动。室内戏水活动方式多种多样，如滑水、冲浪等。室内戏水设施齐全、水温适宜、水质优良、环境清洁，还有一种宁静的雅致的回归自然的气氛，客人可以尽情畅游、嬉戏。室内戏水一年四季都可以进行，所以是一项适应范围广，极受欢迎的活动。

2. 室外游泳

室外游泳主要是游泳爱好者在室外游泳池或天然游泳场所进行的活动。这类活动一般仅限于春、夏、秋进行，冬季只有冬泳爱好者才能入池。休闲体育经营机构如能通过各种有效的科学方式在冬季将水池温度提高到适度水平，那么，既可吸引更多的游泳爱好者，又能达到别开生面的良好效果。

6.1.2 戏水运动活动方法

人在戏水时，人体与水充分接触，会消耗许多热量，一些运动量较大的戏水活动促使肌肉发挥很大的作用，所以戏水运动后会给人一种身心舒畅的疲劳感。另外，一些戏水活动，特别是低温深水游泳需要较好的技术和体质，对初次下水运动的人要特别注意。

1. 戏水运动注意事项

(1) 游泳前要进行身体检查，患有严重心脏病、肺病、肾脏病、中耳炎、鼻炎、严重沙眼、皮肤病、精神病、癫痫病的人不宜参加游泳。

(2) 女子在月经期间不宜参加游泳。

(3) 发烧、头痛、伤风感冒或病刚好，以及饿肚子、饭后、身体过于疲劳、大量出汗后、喝酒后，均不宜游泳。

(4) 游泳前先做准备活动，使全身各器官、系统得到活动。准备活动后用水洗洗脸、撩撩手臂、浇浇脖子、拍拍胸、擦擦两腿。

(5) 合理确定游泳时间。初学游泳的人，在水中不宜停留太长。一般 15~30 分钟或稍长一些时间，就要上岸休息，晒晒太阳。总的时间不要超过 2~3 个小时。

(6)游泳后的整理活动。游泳完毕后,应该把全身的水擦干。放松跑步,做几节体操,使身体暖和,肌肉放松,以利于消除疲劳,防止感冒。天气较凉时,应先穿好衣服,然后再进行活动。

游泳后滴些眼药水,防止眼病。

2.戏水运动活动方法

(1)踩水:也称为"立泳"。掌握这一技术可以在水中进行自救。踩水时上体在水中几乎处于直立姿势。两脚屈膝分开,收髋,腿部动作幅度较小。收腿后翻脚,使小腿和脚内侧对水,向侧下方蹬夹水,产生上浮力使身体能在水中直立浮动。两腿还未完全蹬直时就要及时收腿,动作连贯不能停顿。整个腿部动作近似蛙泳腿。

臂的动作较简单。两臂自然弯曲于胸前侧分开,两手和两臂在胸前做向内、向外的横向摸压动作,保持身体平稳的直立姿势。在完成整个技术动作过程中,身体放松,手腿协调配合,注意节奏,呼吸自然。

(2)反蛙泳:又称"双臂仰泳"。这一技术可用于抢救溺水者或在水中身体疲劳时进行暂时的水上休息。

反蛙泳的腿部动作与蛙泳时基本相同,区别在于为了避免腿过多露出水面而导致臀部下沉,反蛙泳收腿时收髋较少,两膝分开较宽。反蛙泳的手臂动作与仰泳不同,仰泳是两臂交替划水,而反蛙泳是两臂同时划水。反蛙泳的划水有两种形式,一种是手出水,另一种是手不出水。前一种是臂在空中前移,与仰泳相似但不是两臂交替而是两臂同时进行划水;后一种则是划水时上臂不移动,掌心向上,前臂贴近水面,由两侧移到肩部位置,掌心转向后方做推水动作。腿臂配合轮流进行,移臂收腿,推水蹬夹腿。臂腿伸直划行。

(3)侧泳:是一种古老的民间传统泳姿,其速度较蛙泳快,比自由泳易学,实用价值较大,可用于长距离游渡、水中拖带物品、水中救生,在水上休闲运动中广泛使用。侧泳时,身体侧卧水中,倾斜45°左右。在游进过程中身体始终绕纵轴转动。

侧泳腿部动作包括收腿、翻腿和剪刀式蹬夹动作。收腿时靠水面的腿向前收,近似蛙泳的收腿动作,下面的腿向背后收,大小腿尽量叠紧。完成收腿动作后做翻腿动作，翻腿时上面的腿勾脚，下面的腿绷脚，使上面腿的脚掌和下面腿的小腿前部对准水做蹬夹动作。蹬夹时上面的腿以大腿带动小腿向后加速做蹬夹水的动作，下面的腿以脚面和小腿做伸膝绷脚的剪刀式打水。上下两腿动作不对称，上面腿似蛙泳的蹬夹水动作，下面的腿似自由泳的打水动作。

侧泳的手臂动作也是不对称的，正好和腿部动作相反，上侧手臂是前臂经空中向前移臂，类似自由泳的手臂动作。下侧手臂是在水中前移，类似蛙泳手臂的动作。两臂胸前做交叉。

腿臂动作与呼吸的配合是上侧手臂入水，下侧手臂收手同时收腿，头转下水憋气。上侧手臂开始划水，逐渐吐气，随上侧手臂推水和下侧手臂前伸，两腿剪刀式蹬夹并转头吸气，短暂滑行。

(4)潜泳：是在水下游进的一种游泳技术，在现在休闲体育运动中，人们已经不满足水面上的活动，希望潜入深水，到海底世界遨游，探索海底秘密。因此潜泳在休闲体育运动中逐渐受到人们的重视。

潜泳的方法有蛙式潜泳、长划臂潜泳、爬式潜泳。

(1)蛙式潜泳。蛙式潜泳就是在水下用蛙泳方式游进的技术。它的动作和水面蛙泳基本相同。区别在于，潜泳时为了控制潜泳的方向，保持潜水的深度，避免身体上浮，头的位置稍低于蛙泳，头和躯干成一条直线。手臂划水的幅度比蛙泳要大一些，前伸手臂时，贴近下颌。收腿时屈髋较蛙泳小，腿向侧分的角度也较小，蹬腿方向尽量向后。手臂与腿的配合和蛙泳相似，适当延长滑行时间，动作频率比蛙泳要慢。

(2)长划臂潜泳。长划臂潜泳腿的技术与蛙式潜泳相同，只是手臂划水的路线加长，两臂推水至大腿两侧伸直。手臂和腿的配合是：手臂划水结束时，两臂紧贴大腿两侧伸直，手心向上，两腿伸直并拢，进入滑行。收手同时收腿，再向前伸臂，夹水之后，紧接着做长臂划水动作，再进入滑行阶段。

(3)爬式潜泳。爬式潜泳的手臂动作是两臂紧靠耳朵向前伸直，手指并拢。以头和臂的动作控制潜进的方向和深度。用爬泳和海豚式打腿动作向前游进。

另外，戏水运动还有水上静浮、冬泳、长游、韵律游泳等等。

6.2 球类运动

球类运动是运动者利用各种环境设施、使用相应的体育器材和球体,运用专门技术进行活动游戏达到健身和陶冶情操目的的运动。球类运动根据运动环境的不同可分为室内球类运动和室外球类运动。

6.2.1 球类运动

1.乒乓球

乒乓球运动是一种只需要一张桌子,一张网,一副球拍,一只乒乓球,就可以进行运动的健身活动,有单打和双打两种方式。乒乓球运动对光线要求比较严格,场地要求宽大些,这是一项深受欢迎的简便易行的大众型体育休闲运动。

2.台球

台球游戏,也叫打落袋。是由两人至四个人参加的,在一个长方形桌子和十几只圆球组成的运动设施上进行的,以击球进袋计分比输赢的高雅的桌上游戏项目。是一种脑力和体力相结合的休闲体育运动。打台球无需剧烈的对抗,既不像其他球类运动项目的运动量那么强猛,又不像桌上棋类活动那么安静。

它是静中有动,动中有静的高雅运动。其无穷的奥妙吸引着各个阶层的人士积极参与,所以是一项大众运动。不同的台球游戏对环境及设施的要求不同,特别是灯光设计。环境越优雅考究,设施越高档豪华,其收费也越高。所以,台球运动是一种适应不同层次的爱好者参与的活动,它既可以使高消费者在一种静谧的氛围中陶冶性情、锻炼身体,也可以使中、低消费者在不甚宁静优雅,甚至喧闹的市井中感受其中的奥妙,得到身心锻炼。经常参加台球运动,有益于身心健康和智力的开发,因为台球运动包含着气功、强身和调节情绪的作用。

3.保龄球

保龄球是在拥有符合严格规范要求的木板保龄球跑道、输道及各种辅助设施、设备的、具有宁静欢快气氛的保龄球房中,集智力与技术于一体的运动,保龄球具有娱乐性、趣味性、抗争性和技巧性，给人以身体和意志的锻炼。由于是室内活动，不受时间、气候等外界条件的影响，也不受年龄、体力的限制，易学易打，所以成为男女老少皆宜的特殊运动。它适宜的年龄范围可以从10岁的小孩一直伸展到70岁的老人，而且它还是一项既安全又可靠，能够不分昼夜全天候地在室内进行的健康而引人入胜，既锻炼身体，又陶冶情操的活动。遗憾的是，目前在我国，尽管保龄球运动有着诸多优势，但还没有得到推广和普及，还只是所谓的贵族阶层的休闲健体运动。相信随着科学技术的进步和人民生活水平的提高，保龄球运动将成为大众化的休闲体育运动。

4.高尔夫球

高尔夫球是一项高雅的、深受人们喜爱的绅士运动，由于受客观条件的限制，高尔夫球运动很难推广。为了满足人们对这一运动的需求，各种简化、变形的高尔夫球运动应运而生。其主要形式有标准高尔夫球、微型高尔夫球和室内模拟高尔夫球。

(1)标准高尔夫球，也叫乡村高尔夫球，它是一项古典的不太激烈的贵族运动。这项运动就是运动者在有一定要求的高尔夫球场使用不同的球杆按一定规则将球击入固定的洞中。高尔夫(GOLF)是由绿色(Green)、氧气(Oxygen)、阳光(Light)和步履(Foot)的第一个字母缩写而成，也就是指在明媚的阳光下，脚踏绿色的草地，呼吸着新鲜空气，在大自然的怀抱里，充分伸展自己的肢体，在每一次挥杆击球中找回自己的信心和勇气，是一项有益于身心健康的、陶冶情操的、高雅的运动。但由于高尔夫球场一般偏离城市中心，技术掌握难度大，费用较高等诸多原因，目前在我国，还只能算作贵族运动。随着人民物质文化生活水平的提高，相信不远的将来，高尔夫球运动必将会在我国迅速发展起来。

(2)微型高尔夫球又叫迷你高尔夫球，是目前在欧美流行的休闲体育运动，与一般高尔夫球近似，只是其球场面积较小，在设有人工草坪的球道上进行。按照国际标准设计的微型高尔夫球场，每个球场上设置有各种有趣的障碍，一般设计有9洞、12洞或18洞，人们可以使用专用微型高尔夫球的杆和球，沿着球道打球，杆数少者为胜。

微型高尔夫球作为进入中国的新型休闲体育项目，除了它本身固有的优势外，还表现出它非常适合中国国情。比起乡村高尔夫球，它占地面积小，设备可移动，投资小，见效快，适合一般老百姓的消费水平。由于微型高尔夫球场一般都建在城市中心，上班族不用到远离城市的郊区，下班后就能聚集于草坪之中的微型高尔夫球场内，在绿荫中享受城市高尔夫球运动，放松一下紧张的情绪。微型高尔夫球运动对选择场地不讲究，餐厅、饭店、商店、住宅小区旁以及医院、疗养院内，连一棵树都不用移动，就可随形就势地建立起球场。

对经营者来说，建立一个微型高尔夫球场需投资七八十万元，一次投资后几乎不需要追加投资，也不必顾虑是否会有高额后期维护费用，只需每年将设备刷些鲜艳的油漆即可。微型高尔夫球不仅投资小，占地面积也不大，一般的球场只需800~1 500平方米。而且，他的设备是积木式的，可以随意移往他处。

(3)室内模拟高尔夫球是在拥有高尔夫球模拟设施的室内进行的高尔夫球运动。模拟设施主要是显示出高尔夫球场的电子屏幕，运动者将球击在屏幕上，电子屏幕会显示出击球的远程和方向，从而达到与室外高尔夫球运动类似的效果。

5.网球

网球是活动者在草地、水泥地或不同材质地面，在网球场上，手执网球拍击球过网的一项运动。有单打和双打两种活动形式。网球运动是一项运动量较大，技术性强的运动，对增强体质、创造活力是大有益处。

6.2.2 球类运动活动方法

1.乒乓球的主要技术与方法

乒乓球活动时运动员分别站在球台的各一端，用球拍以挡、抽、削、拉等动作，隔网击球；球必须在台上反弹一次后过网，并落在对方台面上始为有效。

比赛以每胜一球为一分，以一方先胜11分为一局；如双方均为10分时，一方需再多得2分始为胜，取五局三胜制或七局四胜制。

乒乓球的主要技术有：

(1)握拍技术

握拍技术是打乒乓球的入门技术。握拍技术好，可以提高手、臂及手腕的灵活性，给日后技术的提高打下良好的基础。握拍的方法有直握拍和横握拍两大类。

(1)直握拍法是指与握钢笔写字相似，拇指和食指在拍前构成钳形，钳住拍柄，其他3指自然弯曲贴在球拍背面的方法。

(2)横握拍法是指与握菜刀相似，拇指在前，食指在后，其他3指自然握住拍柄的方法。

2.击球技术

(1)发球技术。发球是技术之首，是运动员完全按照自己的意志，不受对方干扰地选择合适的位置，并以任何力量、任何速度、任何角度、任何线路击到对方台面任何合法位置的技术。发球按击球位置划分，可分为正手发球、反手发球、侧身发球和下蹲发球；按抛球高度可划分为高抛发球和低抛发球；按球的特点可划分为以速度为主、以旋转为主和以落点为主的发球。

(2)接发球技术。接发球的准备工作主要是选好站位和准确判断来球。接发球的基本方法主要有：点、拨、带、拉、攻、推、搓、削、摆等。

(3)推挡球技术。推挡球是推球和挡球的总称。推挡球站位近、动作小、速度快、落点变化多，也有一些旋转的变化。各种推挡技术配合使用，可利用速度、落点和旋转的变化争取主动和创造进攻机会。推挡球可分为平挡、快推、加力推、减力挡、推下旋、推侧旋等。

(4)攻球技术。攻球力量大、速度快、富于落点变化。攻球技术种类很多，按击球位置和站位可划分为正手攻球、反手攻球和侧身攻球；按来球性质和落点的不同可分为拉攻、攻打弧圈球、台内攻球和杀高球；按击球力量不同可分为发力攻球和借力攻球等。

(5)其他技术。除上述介绍的主要技术外，乒乓球的使用技术还有弧圈球、搓球、削球、放高球和放短球等。这些技术能够掌握得好，需要练很长时间，这里不再赘述。

2.台球的主要技术与方法

台球的种类很多，每一种台球都有其专门的技术与打法，这里就不一一介绍。下面重点介绍国际台球界公认的架杆方式和击球姿势，因为它们是打好台球的基础和前提条件。

(1)台球的架杆方式

架杆方式是指两手与球杆形成的姿势,这是打好台球的关键环节。架杆姿势分为前手架杆和后手握杆。

①前手架杆。前手架杆的手法很多,这里着重介绍两种最基本的方法。

第一种,首先应将做架台的前手五指轻轻分开摆在台盘上,然后食指弯曲,指尖按在中指第二指关节的侧部,拇指再轻轻接触食指的指尖;其余两指如同掌中握有一个小球而适度分开。这样,球杆就可以架在由食指与中指、拇指做成的空当里。空当与球杆所形成的角度应接近90°。

第二种,先将手掌紧按在台盘上,然后将拇指以外的其他四指分开,手背弓起,拇指翘起和手指的背峰形成一个夹角,球杆就架在这个夹角里。

②后手握杆。后手握杆的方法,以右手握杆为例,右手垂直下垂,用中指与拇指的腹部接受球杆的重量。其他三指轻轻附于中指包围住球杆,决不可紧握。然后握杆的右手务必接近右腰部并与右腰保持一定的间隔,以使球杆做前后水平运动。

(2)击球姿势

目前台球界公认的击球姿势包括如下步骤:

第一步,先朝将要击打的主球行进方向站住,用眼睛准确测定主球的前进路线。

第二步,左脚向前移动一小步,距离主球正下后方约40~46厘米、左侧方约10~15厘米的地方,使左脚与球杆平行,左膝关节稍弯,轻轻踏在地上。

第三步,右腿直立不得弯曲,右脚向右撇,与左脚成70°~80°的角度分开站稳,以支撑住身体的后半部体重。

第四步,架台的左臂稍弯,左手置于主球后方约15厘米之处并固定好,上体尽量压低,球杆的中轴线在两眼中间。

第五步,握杆的右手臂肘部向上抬起,前臂垂直下垂与上臂形成90°。

击球时,右手切不可过胸部,身体应根据两脚的位置和架杆的位置取一个自然的姿势,使球杆沿水平方向做前后抽打动作。

以上步骤是台球击球的最基本的姿势,在具体击球过程中,要在此基础上灵活运用,以取得最佳姿势,获得最佳击球效果。

3.保龄球的主要技术与方法

保龄球须按规定球道掷发,并由电脑计分和统计局数。

打球分为直线球和曲线球,初学者首先应学会直线球的打法。

(1)保龄球的助走通常为4步,也有3步、5步,看个人习惯而定。

(2)拿球的方法不是"提",更不是"举",应一手持球,另一只手托住球,球的分量全托在托球的手上。

(3)身体重心上下保持一直线。

(4)助走的同时,持球手臂自然下垂、后摆,随球的重力向前悠摆,另一个手臂抬起保持身体平衡,接着滑步投球。

(5)投球时身体重心下压,使球自然出手而不要高抛。掷球并不需要用很大的力气。

(6)打球时,重点是瞄箭头而不是看球瓶。投直线球时,让球通过中间的目标箭头(4号),要落点准、球路直。球直击1号瓶,球瓶之间发生连锁反应,基本可以达到"八九不离十"的效果。

投掷保龄球,球从脱手接触球道到竖瓶区击中目标,有18.288米(60英尺)的距离。

球的走向由于需要经过有油无油、油多油少等各种不同情况的球道段,因而往往不是直线。为此,投掷保龄球,瞄准技术非常重要。下面介绍几种瞄准法。

(1)木瓶瞄准法

木瓶瞄准法的瞄准点为竖瓶区的木瓶,打全中球时的瞄准点应为1~3瓶袋。从该处和投球的落球点连一直线,该直线即为球的路线。这种瞄准法由于缺乏科学性和准确性,因而往往只是初学者和保龄球爱好者使用。

(2)点瞄准法

这是目前比较常用的瞄准法。它是在球道上选择一个瞄准点(引导标点或目标箭头),球经过瞄准点滚向瓶袋。瞄准时,眼睛牢牢盯住瞄准点,由臂轴到球中心线经过瞄准点向目标引一条假想线,在站位上向瓶袋直线助跑进行投球。这种瞄准法,准确性较大。

(3) 块瞄准法

块瞄准是点瞄准的扩大,它的瞄准范围焦点瞄准宽。如果以第2号目标箭头为瞄准点,使球滚向1~3瓶袋,瞄准时就应注意第2号目标箭头和它左右各一块木板,这样就有3块木板的宽度作为瞄准范围。然后再面向目标,垂直摆臂助跑投球。3块木板范围较大,虽然有可能失误,但投出的球总能击中1~3瓶袋附近。如果不用第3号目标箭头作瞄准点,而是选择某块木板中的某一点作为块瞄准的扩大点,其效果也是一样的。

(4) 线瞄准法

线瞄准就是从落球点和补中关键瓶之间连一条假想的球行路线,再在这条线上找出球要经过的两三个核对点,这些点可以是球道上的目标箭头或引导标点,也可以是球道上颜色深浅不同的木板,有了这几个点核对球路,就容易判断投球的准确性。

(5) 角度线瞄准法

保龄球的角度线共有五组。球员可以根据球道情况、本身助跑的偏离和投球的形式,通过试验和计算来决定投球的站位起点、落球点和经过的目标箭头。

这是一种最理想的瞄准法,其内容比较丰富,具有更高的瞄准性。要想成为优秀的保龄球球员,就必须掌握这种瞄准法。

4.高尔夫球的主要技术与方法

打高尔夫球,参加者一般2至4人为一组,在开球区依次用球棍把各自的球击出后,一起经通路走向球的落点,继续击球,直至将球击入洞穴。比赛为72个洞穴,在18个洞穴的球场上需循环4次。

计分方法有两种:一种是赛所有洞穴的总击球数,以少者为胜;一种是赛每个洞穴的击球数,包括相等数,以击球次数少,进洞穴多者为胜。

下面简单介绍几种高尔夫球的基本技术:

(1) 握杆技术

握杆是指持握高尔夫球杆的方法,它是学习打高尔夫球技术的第一步。在打球过程中,握杆起着将身体和手臂运动的动力传递给杆头,调节和控制挥杆动作的重要作用。

握杆的方法有三种：

①重叠握杆法。在完成左手握杆后按右手握杆顺序将右手小指重叠于左手食指上，成重叠放于食指、中指指缝上握杆。这种握杆方法，不仅击球距离远，而且方向比较准确。这种方法适应于手掌大、手指长、力大人士使用。

②自然握杆法。是指像握棒球杆一样左右手分开用十指握住球杆，右手的小指与左手食指相贴。这种方法比较适合力量较差者、高龄者及女性使用。

③互锁握杆法。它是指右手的小指不是叠搭在左手食指与中指之间的缝隙上方，而是插入左手食指与中指之间，钩锁住食指。这种方法适合手掌小、手指短、力量较差的人士特别是女性使用。

(2)站立技术

站立技术主要是站姿。打高尔夫球的站姿主要有三种，即直角站姿、左奔站姿和右奔站姿。

①直角站姿。它是最常用的基本站姿形式。在这种站姿中，两足尖的连线与球的飞行方向平行，在上挥杆时左肩易向内侧扭转，较易完成动作。

②左奔站姿。它是指相对球的飞行线右足较左足偏后的站姿方式。这种站姿在上挥杆时左肩能够充分向内回旋，但是也容易造成由内向外的挥杆轨迹，产生旋内左侧的球。

③右奔站姿。它是指相对球的飞行方向左足较右足偏后的站立方式。这种方式在上挥杆时，左肩不容易向内扭转，而在完成顺势动作时身体容易打开，因此容易形成由外向内的挥杆轨迹，产生旋向右侧的球。

(3)瞄球的基本姿势

瞄球的基本姿势是挥杆动作的基础，因此，在瞄球时，身体各部分必须保持正确的基本姿势。在站姿完成以后，身体的姿态应该仿佛是在一个高椅子上似坐非坐，臀部稍向后突出，上体微微前倾，两手握杆，手与球杆握柄位于左腿的大腿的内侧处，距离身体大约一拳左右。两膝放松稍微弯曲，自然微向内扣，眼睛看球。其中最重要的是两肩连线、腰的横线和两膝的连线必须与球的飞行方向平行，这是决定挥杆技术及球的飞行方向的关键因素。

4.挥杆技术

挥杆动作可以分为：瞄球、上挥、下挥、击球、手腕转动、顺势和收束等。这里介绍两种不同的挥杆方法。

(1)直挥式方法。直挥式挥杆比基本挥杆顶点更高，幅度更大，挥杆面更加接近于直立状态。这种挥杆方法适合于身材高大的人，这样可以充分利用身高力大的优势，以大幅度的挥杆动作来强有力地冲击球，从而使球飞得更远。

(2)平挥式方法。这种方法的特点是挥杆顶点较低，挥杆幅度较小，挥杆面倾斜度大。这种方法比较适合于身体矮胖，不便于转动的人。

5.网球的主要技术与方法

网球是由活动者手执网球拍击球的一项运动。由一方发球开始后，互相击球越过球网至对方场地，如一方球出界、落网或让球落地两次者，失一分；先得四分者胜一局(如各得三分，任何一方净胜两分才确定局的胜负)；以先得六局者胜一盘(如各得五局，任何一方须净胜两局才确定这盘的胜负，若六局平也可采用"决胜局记分制"决定这盘的胜负)。在逢单局数时(1、3、5、7、…)双方交换场地。

网球运动应掌握的技术和打法：

(1)网球握拍法

网球握拍法有三种：

①东方式握拍法：人们把它称为握手式握拍法，适合初学者采用。握拍时球拍柄水平放置，拍面与地面垂直，然后作握手状握住拍柄。反拍击球拍面应转动90°。

②大陆式握拍法：由于握拍的形状像握锤子的样子，为此也称为握锤子握拍法。

③西方式握拍法：握拍时球拍与地面平行，为此也俗称"一把抓"，正、反手用同一拍面击球。

在当代网球运动中，许多活动者反拍击球时采用双手握拍法。

(2)发球技术

发球员先从右半场端线后，把抛起的球在落地前击向对方的右发球区；得分或失分后，转移至左半场发球。如此交换位置，直至一局终了。发球技术有平击发球、削击发球、侧旋发球等。

(3)接发球技术

指反击对方发球的技术。接发于球员的准备位置，应有利于及时使用正拍或反拍还击发球，一般采用半西方式握拍法，球拍的后摆动作较小，对发速度较快的来球能快速反击。

(4)击落地球技术

击落地球技术是直击落地一次后的球。它是全面型打法的基础，是活动者必须首先掌握的击球技术。对击直线、斜线或落点深的球都是重要的，它既能阻止对方上网，又能为自己创造上网的机会。可分为正拍击落地球技术和反拍击落地球技术。

(5)高压球技术

高压球技术是指当对方挑高球时，以类似平击发球的动作还击的动作。它是还击高压球的攻击性最强的打法，通常是得分的主要手段。

(6)挑高球技术

挑高球技术是击越过站于网前的对方头顶之球的技术。有攻击性和防守性两种。

当对方上网时，可用于迫使他后退；当击球员处于被动时，可利用球在高空时恢复适当位置。有平击挑高球、上旋挑高球、下旋挑高球等多种，一般要求落点深。挑出上旋高球时，因球落地后会冲向端线，使位于网前的对手措手不及。

(7)放短球技术

放短球技术是指网前击球员突然击近网短球，使活动于底线的对手来不及还击。此外，也可用来迫使不善于网前击球的对手因上网而受困。击球时要求多用手腕动作，带有削击。

6.3 现代休闲体育设备的选购

休闲体育小镇的设备，是休闲体育小镇经营成败的物质基础。良好的设备，才可能有良好的经营成就。因此，休闲体育小镇的设备选购，是体育小镇投资决策的关键环节，经营决策者必须予以高度重视。要广泛收集国际、国内休闲体育设备资料，全面、准确掌握各种设备的性能和价格，再根据体育小镇的经营宗旨和经营策略决定选购适合本体育小镇要求、具有明显特色的休闲体育设备。

6.3.1 选购现代休闲体育设备应考虑的因素

现代休闲体育设备选购，主要应该考虑的因素是技术是否先进，经济是否合理，性能是否稳定，安全是否可靠。具体来说，应考虑如下因素。

(1)体育小镇的市场定位

休闲体育小镇选择休闲体育设备时，首先要看设备是否符合本体育小镇的经营目标和市场定位，高市场定位的休闲体育小镇就必须选购高档次、先进、豪华的休闲体育设备，中、低定位的休闲体育小镇就可以选购中、低档休闲体育设施和设备。对一些配套设备，如购买高尔夫球洗球器时，就要考虑到它是否能节约劳动力或减轻劳动强度。

(2)费用因素

休闲体育小镇经营的宗旨是获得最高利润，因此，休闲体育小镇在选购设备时必然要考虑设备费用问题，其中重点应考虑如下几个方面：①买价；②安装费用(高档次设备可由厂家负责安装并提供操作培训)；③修理、折旧和保险费用；④筹款费用；⑤经营成本。

(3)设备性能

这主要看设备的各种性能指标是否能达到休闲体育小镇或酒店休闲体育中心的要求，同时，看这种性能能维持多长时间。性能和成本要成正比。设备性能的考查，具体方法有：一是查看机器实际运转时的情况；二是争取试用后再购买；三是多方了解用过此种设备用户的体会。

(4)设备特色

休闲体育小镇或酒店休闲体育中心的设备是吸引客人前来消费的重要基础，而只有富有特色的设备才对休闲体育消费者具有高强度的吸引力。因此，休闲体育小镇或酒店休闲体育中心购置设备就应有独特之处，即：方便客人，又使休闲体育小镇或酒店休闲体育中心的格调高雅。

(5)安全和卫生

购置设备时要看它是否符合国际或国家的安全卫生标准。如在污染空气、噪音方面要符合休闲体育小镇或中心要求，对某些设备要求附带消声、隔音装置或配以相应的除污附属设备。在安全方面要考虑到设备是否有防止事故发生的各种装置，如自动报警、自动断电、自动停车等装置。

(6)外观设计

设备的外观要与休闲体育小镇的建筑风格、休闲体育小镇的等级相一致，并要以高雅、做工精细、容易保洁为标准。

(7)使用方便

由于休闲体育小镇或中心人员流动性大，休闲体育小镇或中心的设备，尤其是供客人直接使用的设备应不需要高深的知识和复杂的记忆，易于使用同时易于修理。

(8)节能性好

许多休闲体育设备是高耗能设备，如眩晕类运动中的旋转、升降，保龄球的输道等。为了节约成本，必须选购节能性好的设备。

(9)为自动化控制留有余地

休闲体育小镇应用计算机管理势在必行。所以在购置设备时，应考虑到设备是否有计算机控制的接口，以避免以后设备控制中的麻烦。

6.3.2 选购现代休闲体育设备的基本程序

1.广泛收集国际国内有关休闲体育设备资料

(1)查看体育小镇内部设备资料，主要是指查看休闲体育小镇现有设备资料，包括设备档案、资产账册和设备卡片等所包含的设备信息。

(2)收集国内有关休闲体育设备资料，这些资料可以从各地区产品管理处、总经销公司、制造厂门市部和各种交易会订货展销会，广泛收集休闲体育产品目录、样本和说明书，通过技术杂志、报纸、广告获取所需设备的信息。对汇集的信息进行整理，汇编成册，有条件的可以存入计算机备查。

(3)收集国外有关休闲体育设备资料，这些资料可以利用国外科技刊物和技术资料，特别是情报资料从中掌握设备的发展趋势和现有最先进的设备水平。

利用外贸公司、银行、国家商业团体、科技情报机构和展览会等渠道获得设备情报。利用专利咨询机构检索专利资料可以了解先进设备的线索和动态。此外，还可以利用其他国内报刊及互联网获取国内外设备资料和相关资料。

2.国内设备订货

设备订货的主要内容包括签订合同和合同管理。在签订订货合同时要注意以下几点：

(1)合同的内容必须以供需双方往来函电、洽商的结果为依据。

(2)合同的文字必须准确，能明确表达供需双方意见，不得有漏洞。

(3)合同必须符合国家的经济法令、政策和规定。

(4)合同必须考虑可能发生的各种变动因素，并将防止和解决方法列入，以作为签约后情况发生变化时进行处理的依据。

(5)签订合同的手续必须完整、内容必须填写清楚，包括供、收货双方主管部门和单位的通讯地址、电报挂号、电子邮箱地址、结算银行全称和账号、货物到达站、运输方式以及产品名称、型号、规格、数量、交货期、结算方式、签订日期等，不能漏填或误填，最后盖上双方财务上规定的合同印章，才能生效。

(6)签订合同时务必注意责任条款明确。

(7)对违反合同条款，但已到货的设备，应尽量保持其原样，以保存证据。但如保持原样有困难，最好的办法是尽快得到具有法律效用的证明，或请相应公证部门予以公证。

(8)合同管理，就是对订货、协议书、订货中往返函电、订货凭证等进行妥善管理，以便在订货过程中和掌握合同执行情况时考查，并作为仲裁供需双方可能发生矛盾的依据。国外设备订货的往返函电、附加协议、商谈纪要、预付款单据，都应视作合同的附件进行登记，并归类管理。

3.国外设备订货

(1)询价与报价

所谓询价,即列出拟订购设备的名称、规格、型号、数量、包装、交货日期等条件,向供应商询问价格。询问时,可同时选择几个国家、不同地区的厂商分别询价,然后加以比较,选择条件最为适当的厂家作为谈判的对象。所谓报价,即由买方向供应商发出拟订购设备的询函,请卖方正式提出报价单。报价方式在正常情况下有以下几种:

①稳固报价,亦称确定报价。即报价人在一定时间内不可变更或撤回的报价。

②不受约束的报价。即报价人对询价人所报之价格毫无责任,也不受任何约束,可以随时任意调整其价格。因此这种报价,实际上只是一种"价格通知",仅只能作为参考。

③卖方确认后有效的报价,即卖方报出的价格,经卖方再次确认后方有效。这种报价方式比较普遍。

④有权先售的报价,即卖方可以同时向两个以上买方报价,如其中一方先接受,则对后接受者不再生效。这种报价方式对卖方较为有利。

⑤还报价,即进口商价。认为虽然各种交易条件合适,但外商报价过高,买方要求对方减价,这就是所谓"还价"或"出价"。还报价是一种新的"要约",应在确实的有效期内进行。

(2)签订合同

合同由买卖双方或经双方授权的代理人签订。合同必须经过询价和报价的过程,由买卖双方洽谈达成协议方有效。签订合同有下列几种方式:

①签订方式。即买方在购买之前,先就订购设备的规格及有关条件提出合同、草稿,经双方洽谈达成协议后签字,成为正式合同。金额较大又较贵重的设备订货多采取此种方式。

②确认接受方式。即由买卖双方中的任何一方提出"要约"。由另一方确认予以接受。"要约"凡由买方提出者称为"订单",由卖方提出者称为"订货确认书"。

③换文方式。即由买卖双方通过书信或电报往来达成协议。

4.国外设备订货合同的注意事项

在签订合同时,对国外订货协议的各项条款应严格审查,逐一研究,注意做到如下几点:

(1)设备应采用通用的标准名称,用中文与外文对照书写。

(2)要注意设备的规格和质量是否适合国情,对质量检验方法及发生质量与合同不符时的证明方法、处理方法,应有明确规定。

(3)标明价格与付款条件。价格按基础不同,有船边交货价格(FAS),船上交货价格(FOB),包括运费在内的价格(C&F),包括保险费、运费在内的价格(CIF)。付款条件,有信用证付款交单、承兑交单。

(4)对设备的包装与装运条件,要具体说明。如包装有集装箱、木箱、货柜等,装运码头也需加以指定。对于特殊或精密设备、仪器等,需要注明特殊的包装与装运要求。

(5)合同中要确定交货地点与延误交货的处理办法等。同时要注意签发信用证的日期,以使之与交货期配合。

(6)合同要确定运输的方法。如船运或空运,一次装运或分批装运,否则需要指定航线或船舶。

(7)合同中要有保险条款。若是采用船边交货价格(FAS)、船上交货价格(FOB),包括运费在内的价格(C&F),一般由买方投保;若是包括保险费及运费在内的价格(CIF),由卖方投保。

(8)要选定国际公证商检机构进行设备质量的检验。在合同上要注明检验以装船或卸船为基准,并指定检验的单位或公司,确定检验的标准和方法。

(9)合同要说明发生产品质量不良情况时如何赔偿、调解双方纠纷的方法及仲裁的地点。

(10)与设备有关的图纸资料、备品配件、附件、专用工具、监测和评断仪器、特殊冷却润滑油料等,以及聘请卖方专家指导,委托卖方培训人员和其他技术服务等事项,应在订购设备的同时引进或购买,并在合同上注明,同时保修期、维护期限等均不得遗漏。

5.到货验收

设备到货后,供需双方与有关部门要及时开箱验收检查。如有发现问题,要向有关方面查询或向责任单位索赔。

(1)检查包装情况,慎重探明应采取的拆箱方法,严防开箱时损坏设备与附件。

(2)根据装箱清单清点到货是否齐全,外观质量是否完好无损,填写开箱记录单。国外订货大单可请公证或商检人员直接参与。

(3)随机的备品附件、工具、原件资料是否齐全,要造册登记,专人保管。

(4)核对设备的基础图,电气线路图,设备所占的空间,在原定厂房施工图上标注的施工范围。

值得注意的是现在有些休闲体育小镇为了节省时间和精力,将其要购置的设施设备的型号、规格以及具体要求提供给有一定资质的投标公司来操作。

6.3.3 休闲体育设备的经济评价

购置设备的目的是要取得经济效益。因而选择设备要认真进行经济评价,要对比几种设备的优劣,通过多种方案的对比、分析,最后选择最优方案。其评价的方法主要有:

(1)投资回收期法

休闲体育小镇选购设备,是进行一次较大的投资,其中主要的部分是设备的价格,再加上运输、安装等费用。在新设备投入使用后,会由于提高劳动生产率,改进服务质量,降低能源消耗而增加体育小镇利润。将投资费与体育小镇年利润相比,就可以计算出投资回收期,其计算公式为:

$$投资回收期=设备投资额(元)\div(年利润+年折旧额)$$

从以上计算公式可知:回收期越短,说明年利润额越大,投资效果越好。

在其他条件相同的情况下,投资回收期最短的设备为最优设备。可作为选购对象。

这种方法的优点是计算方法简单,缺点是没有考虑到时间的金钱的价值和设备投入使用后的其他费用。

例如，某休闲体育小镇准备购买一套室内模拟高尔夫球设备，有三种可供选择的型号，三种型号的技术指标基本相同，其购买价格和残值如下表。

室内模拟高尔夫球设备(套)

单位：美元

设备型号	购买价格	残值	年折旧	年利润
1	11000	1000	2000	2000
2	11000	1000	2500	2500
3	11600	1000	2650	3000

设备的投资额=买价-残值

设备1的投资额为11000−1000=10000(美元)

设备2的投资额为11000−1000=10000(美元)

设备3的投资额为11600−1000=10600(美元)

那么：

设备1的投资回收期=10000÷(2000+2000)=2.5(年)

设备2的投资回收期=10000÷(2500+2500)=2(年)

设备3的投资回收期=10600÷(2650+3000)=1.88(年)

由此可见，用投资回收期进行计算的结果，三种设备中以设备3的投资回收期最短，因而最可取，一般来说，休闲体育小镇应该选择这种设备。

(2)费用效率分析法

费用效率分析法就是运用设备的投入与设备的产出对比，来分析设备的投资效率，决定设备的优势。其计算公式为：

费用效率=生产效率÷设备使用寿命期间总费用=设备的产出÷设备的投入

在上述公式中，生产效率是指休闲体育设备在保证质量、安全和成本较低的情况下所达到的产量即客人的接待量，计算时可用总接待或日接待量。设备使用寿命期间的总费用，由设备的设置费和维持费两部分组成。现用公式表示如下：

总费用=设置费+维持费

设置费=购价+运输费+安装费

维持费=操作人员工资+能源消耗+保养修理+事故损失+保险费+固定资产占用费

这种方法的优点是在购买设备时考虑了设备寿命周期内的总费用，缺点是计算和估价比较麻烦。

第 7 章 现代休闲体育小镇设备和设施的管理

7.1 现代休闲体育小镇设备和设施管理概述

设施设备管理是休闲体育小镇管理的重要组成部分。休闲体育小镇的设施设备管理与其他体育小镇的设备设施管理一样,具有设施设备管理的一般共性和自己的特性。因此,现代休闲体育小镇的设施设备管理首先应了解和掌握休闲体育小镇设施设备管理的意义、业务、特点、基本程序和基本方法等管理基础知识。

7.1.1 休闲体育小镇设备和设施管理的概念和特点

1.休闲体育小镇设备和设施管理的意义

休闲体育小镇设备和设施是指构成休闲体育小镇固定资产的各种物质设施,它是休闲体育小镇提供休闲体育服务、进行经营活动的生产资料、是体育小镇员工赖以从事接待服务活动,为客人提供有形和无形产品的物质凭借。

休闲体育小镇设施设备向着追求舒适和豪华的方向发展,而且设备日趋复杂化和多样化。休闲体育小镇的工程设备费用,一般约占总投资的三分之一以上,休闲体育小镇经营对设备的依赖程度也越来越大。因此,大型休闲体育小镇必须设立专门负责设备管理的工程部。

休闲体育小镇设备管理是休闲体育小镇围绕着设备物质运动形态和效用发挥

而进行的各种管理工作，包括对设备的选择、购置、维修、保养以及更新改造等等。

休闲体育小镇是否做好设备和设施管理工作是体育小镇能否取得成功的关键之一。具体表现在以下几个方面：

(1)提高服务质量

休闲体育小镇是一种以出售服务为主的体育小镇，经营休闲体育小镇的宗旨是要尽可能获取客人的最大满意。而现代科学技术提供的最新休闲体育设备，成为休闲体育小镇提供豪华、舒适和一流服务的物质基础。工程部直接运行和管理这些设备，通过设施设备为客人服务，是不见面的一线服务部门。所以，工程部门是保证客人舒适、安全、方便，直接给客人留下服务形象的部门。工程部的工作，对提高休闲体育小镇服务质量至关重要。

(2)影响销售价格

合理的售价，是休闲体育小镇兴旺的重要原因之一。所谓合理，即指客人的消费要与所获得的服务相称。完美的服务加上完美的设施设备和功能，才能够以高的价格出售服务。

(3)保证休闲体育小镇的安全

休闲体育小镇应尽一切可能，使客人获得满意的安全感。休闲体育小镇的安全设备如监控视屏、消防设施、防盗系统等工作都应绝对可靠。例如消防系统，绝不能够在应急时失灵，而延误了救火时间，使休闲体育小镇人、财、物遭受损失。

(4)增加休闲体育小镇利润

休闲体育小镇的工程维修费用及能源消耗是休闲体育小镇重要开支项目，国际上一般休闲体育小镇用于工程设备的费用(含能源消耗)，约占总营业额的10%。工程设备运行、维护费用的节约，直接使成本降低，利润增加。同时，休闲体育小镇出售的产品，均不可"储存"，如果维修不及时，也必然影响出租率。

(5)提高工作效率

休闲体育小镇具有多种提高办事效率的设备，如计算机、复印机、电话、电传等。这些设备管理好坏，除影响对客人的服务外，也将影响整个休闲体育小镇的管理效率。

(6)保障休闲体育小镇的声誉

一个休闲体育小镇如果设备运转不正常,哪怕是偶然一次,其影响将是整个休闲体育小镇的声誉、形象和客人再次光临的次数,因为给客人的感觉不会认为这是偶然的。

休闲体育小镇工程部应该管好、用好、维护好设施设备,并对现有设备进行增建、改造和更新,使休闲体育小镇建立在先进的技术基础之上,促进休闲体育小镇的发展,提高经济效益。所以,工程部的管理与运行,在休闲体育小镇经营中的作用,应给予足够的重视。

2.休闲体育小镇设施设备构成

休闲体育小镇设施设备很多,总的来说可分为八大类:

(1)房屋建筑物设施。它是休闲体育小镇的主体,是以一定空间形式存在的。

(2)生产性设备。包括锅炉设备等。

(3)电器设备。包括电脑、音响、电视、高尔夫模拟练习器、各种遥控模型、电子游戏设备等。

(4)家具设备。包括桌椅、吧台、衣柜等。

(5)管道线路设备。有些设备部分和房屋建筑融为一体,其余大多自成系统,用于各部门、各环节及体育小镇和外界的联系,如电话系统、上下水道系统、报警系统、冷暖管道系统、计算机系统、闭路电视系统、电报和电传系统等等。

(6)运输设备。主要指车辆。

(7)机械设备。如健身器材、美容美发器材等。

(8)场地设施。主要指休闲体育项目场地设施,如游泳池、高尔夫球场等等。

总之,休闲体育小镇的设备设施构成是十分复杂的,加强设备设施管理,保证上述各种设备设施技术性能的正常发挥,保证设备设施完好,提高设备设施使用效果,是休闲体育小镇设备设施管理的重要任务。

本章内容侧重最后两大类,即场地设施和机械设备的管理。

3.休闲体育小镇设备设施管理的特点。

(1)社会消费性强,管理效率要求高

休闲体育小镇的设备设施主要是消费性设备,部分生产性设备也主要是直接适用于生产休闲体育消费产品及配套饮食产品的,这些产品是随产随消费。

由于大多数设备设施采用出租形式,供消费者直接享用,所以,休闲体育小镇设备设施具有较强的社会消费性的特点。这一特点决定了对设备设施管理必须高效率、高质量,并加强对设备设施完好率的考核,以保证各种设备设施处于完好、正常运转的技术状态。如果出现设施设备损坏或发生故障,必须在最短的时间内修好或换掉,才能为消费者提供符合要求的使用价值,如卫生设备、健身器材、保龄球设备等,否则,直接影响体育小镇的服务质量和经济效益。

(2)各种损耗大,更新周期短

休闲体育小镇的设备设施在接待服务过程中有两种磨损:一是设备在外力作用下造成的实体磨损;二是无形磨损,由于休闲体育小镇的设施设备主要是消费性设备设施,经过一定时间其使用价值虽然没有遭到破坏,但已经陈旧过时,造成客人精神上的不愉快,影响体育小镇的等级声誉,有损于设备使用的经济性。因此,体育小镇设备的更新周期应比一般体育设备更短。这就要求设备管理人员必须随时分析设备使用的经济性,根据体育小镇不同等级、不同接待对象和不同价格水平等要求,认真研究设备的寿命周期,加强更新改造,不断提高设备的使用效果,使设备和服务始终得到客人的欢迎。

(3)管理工作涉及面广,协作性强

休闲体育设备的种类很多,技术性能、使用方法和使用价值各不相同,设备管理贯穿于休闲体育小镇营销活动的过程,涉及体育小镇各部门,各班组,各环节,所以,设备管理是一项涉及面广、要求很强协作性的工作。只有掌握设备物质运动形态和价值运动形态的规律,制定设备管理制度,加强各部门,各班组,各环节的协作,才能管好、用好各种设备,提高设备管理水平。

7.1.2 休闲体育小镇设备管理的任务

休闲体育小镇设备设施的管理繁重而艰巨,管理的任务就是要使休闲体育小镇的设备设施发挥最佳使用效率,为体育小镇创造最优经济效益。休闲体育小镇设备设施管理的任务,具体表现在以下几个方面:

1.合理选择设备，使设备配置与体育小镇的等级、规模及接待对象相适应

休闲体育小镇的设备在营运中是受价值规律支配的，设备的数量、性能、技术水平和完好程度是决定体育小镇好坏的主要标志之一，等级越高，设备越豪华、先进，接待对象的消费水平也越高。因此，根据体育小镇的等级规模，接待对象的实际支付能力和业务经营的实际需要，在分析所需设备的数量、性能、豪华程度和实用价值之后，再合理选择设备，才能使设备配置和体育小镇的等级规模、接待对象相适应。

2.制定管理制度，做好设备维修和保养工作，保证业务经营活动需要

休闲体育小镇的设备购置，大多是在开业前完成的，业务经营过程中，又要根据实际需要添置、更新或进行部分改造。由于设备管理具有涉及面广，协作性强的特点，一般是采用分级归口，专人负责，分工协作的管理办法。因此，必须制定设备管理制度，做好维修保养和必要的更新改造，使在用设备台台完好，在修设备及时修好，提高设备利用率，降低物化劳动消耗，获得优良经济效益。为此，必须严格执行各项管理制度和技术操作规程，充分发挥工程技术人员的作用，将设备管理和技术管理结合起来。

3.对设备和设施进行更新和改造

为了充分发挥设备的综合效益和避免休闲体育小镇设备老化，并不断提高和完善体育小镇形象，使体育小镇永葆青春，提高竞争能力，应对体育小镇设施设备进行更新和改造。一般应2~3年进行1次中修，3~5年进行1次大修。

4.加强设备使用过程中的技术经济分析，提高设备使用率

休闲体育小镇设备使用过程中的技术状况、完好程度和使用效果如何，都直接影响体育小镇经济效益。因此，要认真搞好设备使用过程中的技术经济分析，提高设备使用效果，同时要积累技术资料，不断提高管理水平。

7.1.3 休闲体育小镇设备管理的基本程序

休闲体育小镇的设备设施管理按设备管理的不同阶段，其设备管理可分为四个基本程序：

1.设备的更新规划

它是指从选型、订购到日常管理的运行程序。具体包括:

(1)设备的更新规划。

(2)设备选型。

(3)设备订购。

(4)入库保管。

(5)设备的安装调试。

(6)设备的移交、认账及建档。

(7)培训计划。

(8)日常管理。

2.设备的定期检修

设备的定期检修具体包括:

(1)一级保养。

(2)二级保养。

(3)设备大修(包括局部大修)。

3.设备的技术改造

设备在运行一段时间以后,会发现某些系统和设备配套不合理等状况,需要在设备原有性能基础上,进行技术、效率、安全、环保和节能等技术改造工作。

4.设备的更新报废

设备的更新、报废手续应同时办理。设备的报废原则为:

(1)国家指定的淘汰产品。

(2)已超过使用期限,损坏严重,修理费用昂贵。

(3)因受自然灾害或事故损坏,而修理费接近或超过原设备价值的设备。

(4)虽能运转,但有隐患,而修理费用昂贵的设备。

(5)无法修复的设备。

设备的报废,应由使用部门提出申请,由工程部会同有关技术单位进行技术鉴定确认后,方可办理报废手续。价值较大的设备,应经总经理批准。

7.1.4 休闲体育小镇设备和设施管理的基本方法

休闲体育小镇集中了现代科学技术提供的最新设备，这些设备成为实现休闲体育小镇豪华、舒适和一流服务的保证。要管理好这些现代化设备，除了需要具有较高专门技术、技能的工程技术人员和技术工人外，还必须有一套严格的管理方法和科学的检修、保养计划及细致周全的岗位责任制。

设备的正确使用和维修保养，是保证设备完好的两个不可分割的环节。也就是说，要科学管理体育小镇的设备，仅仅靠工程部的检修和保养是不够的，还必须对使用这些设备的各个部门作出相应的操作规程和管理制度。因此，设备管理是涉及休闲体育小镇各部门的相互关联的综合管理工作，而工程部的职能首先是管理，其次才是检修。工程部必须制定人为损坏设备的经济责任制和合理的报修、检修程序，对重要设备的使用，还应制定严格的设备交接班制度。

休闲体育小镇的设备管理方法主要包括以下几个方面：

1.建立设备技术档案，做好分类编号

休闲体育小镇的设备种类多，使用范围广，更新周期各不相同，为了便于统一管理，降低物化劳动消耗，各种设备采购、配置完成后，要由工程技术人员和财务人员共同建立设备技术档案，做好分类编号工作。这样，财务人员负责设备使用过程中的经济技术评价，工程技术人员负责维修保养，才能管好、用好设备。

分类编号的方法一般要按设备类型分类，单项同类设备分组，同时区别不同的使用部门。采用三节编码法：第一节，表示设备种类；第二节，表示使用部门；第三节，表示设备编号。例如：体育小镇的电视机编号，可写成 B3—2—18(B—电器类，3—电视机组，2—娱乐部门，18—设备号码)。这样便于清产核资和检查。在分类编号的基础上，建立设备技术档案，将设备的品种、名称、数量、价值、使用部门和使用技术说明等技术资料统一分类归档，这就为管好用好设备提供了基础数据。

2.分类归口，制定维修保养规程，执行岗位责任制

各种设备在建立技术档案以后，要按部门分级，按种类归口，划片包干，将设备日常管理和使用层层落实，直到班组和个人。同时，要制定各种设备的维修

保养规程，建立维修保养制度，使用部门负责日常维护，工程技术人员负责日常维修保养，财务人员检查使用效果。各种设备落实到班组和个人后，要执行岗位经济责任制，才能始终保持设备完好，保证顾客需要和业务经营活动的正常开展。

3.随时考核设备使用效果，提高设备利用率

休闲体育小镇的设备管理与各种设备技术性能的发挥如何，对业务经营活动的开展和体育小镇经营效益有着十分重要的作用。因此，必须随时考核设备管理状况和使用效果，其主要考核内容有：

1.设备完好率

休闲体育小镇设备都是直接或间接为顾客服务的，各种设备必须随时处于完好状态。因此，可以采用设备完好率来考核工程技术人员设备管理的好坏。

如果设在用设备的总台数为 Q，完好设备的总台数为 X，则设备完好率 R 的计算公式为：

$$R = X \div Q \times 100\%$$

休闲体育小镇的完好率应该等于1，由于各种客观原因，事实上是很难做到的，因此，必须趋于1。如果出现偏差，必须迅速修理，才能保证需要。

2.设备维修的经济性

设备在使用过程中每年都需要支付一定的维修费用，在一定经营条件下，维修费用越低，说明设备保养越好，管理效果越好。休闲体育小镇设备维修的经济性可以用年度百元营业额维修费用率来考核。如果设年度设备维修费用为 X，营业收入为 P，则年度百元营业额的设备维修费用率 Q 的计算公式如下：

$$Q = X \div P(百元) \times 100\%$$

3.设备有效工作度

设备有效工作度是以时间为单位来考核设备管理好坏的，它主要用于考核生产性设备。如果设某种设备应该工作的时间为 T，因损坏维修而不能工作的时间为 t，则设备有效工作度 Q 的计算公式如下：

$$Q = T \div (T+t) \times 100\%$$

休闲体育小镇的设备管理越好，有效工作时间越长，设备有效工作度就越强。

7.1.5 休闲体育小镇设备和设施的更新改造

1. 设备和设施更新改造的客观依据

休闲体育小镇的设备设施在使用期间,由于有形的磨损和无形的磨损,到了一定期限,必然需要更新和改造,它是由设备的寿命周期决定的,设备的寿命又有三种形式:

(1) 自然寿命

自然寿命是指设备从投入使用到报废无法使用所经历的整个时期,它是由设备在使用过程中的物质磨损造成的。设备的自然寿命是设备更新改造的基本依据之一。

(2) 技术寿命

技术寿命是指设备从投入使用,到因无形磨损被淘汰所经历的时间。它是由科学技术进步,出现了技术上更先进、经济上更合理、外观上更好的设备而造成的,技术寿命对于休闲体育小镇设备更新改造有重要参考价值。

(3) 经济寿命

经济寿命是指设备投入使用后,由于设备老化,维修费用增加,继续使用经济上不合算而需要更新改造所经历的时间。它是根据设备使用费用的多少来决定的。经济寿命是决定休闲体育小镇设备更新改造的重要依据。

休闲体育小镇设备更新改造是比较复杂的,它必须综合考虑上述三个因素,然后确定设备的最优更新改造期。

2. 休闲体育小镇设备更新改造的方法

休闲体育小镇设备更新的方法主要是根据对设备自然寿命,技术寿命和经济寿命的综合性分析做好三个方面的工作。一是分析设备使用过程中有形磨损和无形磨损的程度,他是对自然寿命和技术寿命研究的结果;二是在分析磨损程度的基础上,计算最佳寿命周期,为设备更新确定参数;三是在上述两种分析的基础上,确定更新时间,一般说来,最佳寿命周期就应该是最优更新期。

确定了需要更新的设备种类和更新时间,只需采用科学的设备购置方法,重新选择和购置新的设备就可以完成设备更新任务了。

设备改造比设备更新复杂得多。由于休闲体育小镇的设备改造主要是改造健身房、戏水厅、棋牌室等房屋设备，属于基建范围。一般由建筑部门来完成。

因此，设备改造的方法有四个步骤：

(1)分析改造原因，做好可行性研究，提出改造方案

分析改造原因、做好可行性研究，重点是从市场发展需要出发，分析客源状况、消费水平、地区条件、接待能力等。确定改造后的等级和主要接待对象，然后进行可行性研究。这就要计算投资额，预测营业收入、成本费用消耗、利润水平、投资回收期等等。要预测多种可能性，制定多种方案，然后进行分析比较，最后才能提出改造方案。

(2)公开招标，做出样板

改造方案制定后，要根据方案提出的要求、改造范围和标准，公开招标设计方案、建筑部门。招标对象可以由多个商家竞争，然后请他们根据体育小镇初步方案的要求进行设计，提出改造费用。最后选择设计符合要求，费用经济合理的公司承包该项目。

(3)分析设计方案，确定承包对象，签订承包合同

分析设计方案要详细计算投资效果，包括投资额、改造周期、各项工程的费用、必须达到的标准、投入使用后可能获得的效果等。然后，与选择的承包对象签订承包合同。合同内容要明确规定达不到标准或延期等的处置办法。合同签订后，改造任务交由中标单位负责，体育小镇负责监督检查。

(4)掌握标准，严格验收

承包单位完成改造任务后，体育小镇要根据合同规定的标准严格验收。凡是不符合标准的工程项目和更换的设备，都必须根据合同规定的办法解决。只有这样，才能保证改造后的设备符合体育小镇业务经营活动的需要。所以，体育小镇设备的改造是十分复杂的，必须选派有专业知识和实践经验的专业技术人员负责。

7.2 现代休闲体育小镇设备和设施的维护与保养

休闲体育设施设备维护与保养是设施设备管理的重要组成部分。休闲体育小镇设备设施维护与保养的好坏,直接决定着休闲体育设施设备的使用质量与使用寿命,也决定着休闲体育小镇设备设施的运行成本和体育小镇的整体经济效益。

因此,现代休闲体育小镇的设备设施管理,首先应做好设备设施的维护与保养工作。本节对现代休闲体育小镇的设备设施维护与保养的基本方法和基本制度作简单介绍。

7.2.1 现代休闲体育小镇设备和设施的维护与保养的意义

休闲体育小镇设施设备维护与保养的目的,主要是使设备的使用性能良好,延长修理间隔期,延长设备的使用寿命,提高设备工作效率,降低成本,减少消耗,更好地为体育小镇的经营服务。

7.2.2 现代休闲体育小镇设备和设施的保养方法

1.三级保养方法

三级保养方法就是根据设备保养工作质量的高低及难易程度,把设备保养划分三个类别,并规定其相应的作业范围。三级保养制度是指设备的日常维护保养、一级保养和二级保养。

(1)日常保养

①日常保养的部位较少,大部分在设备的外部。保养方法包括:清洁、润滑、紧固易松动的螺丝,检查零部件的完整。

②负责保养的人员是机器设备的操作工人。

③保养时间应该是每天进行例行保养。

④日常保养的具体工作包括:第一,检查设备的操纵机构、变速机构及安全

防护、保险装置是否灵敏可靠；第二，检查设备润滑情况，并定时、定点加注定质、定量的润滑油；第三，检查设备容易松动、脱离的部位是否正常，附件、工具是否齐全；第四，检查设备腐蚀、砸碰、拉动和漏油、漏气、漏电等情况，搞好清洁卫生。

(2) 一级保养

① 保养的方法是对设备进行普遍的扭紧、清洁、润滑，并做部分调整。

② 负责保养的人员是以机器设备的操作工人为主，维修工人为辅。

③ 保养时间一般在每月或设备连续运转 500 小时后保养一次，一般停机 8 小时。

④ 一级保养的具体工作包括：第一，根据设备使用情况，对部分零件进行清洗；第二，对设备的某些配合间隙进行适当调整；第三，清除设备表面黄袍、油污，检查调整润滑油路，保证畅通不泄漏；第四，清扫电器箱、电动机、电器装置，做到固定、整齐，安全防护装置牢靠；第五，清洗附件和冷却装置。

(3) 二级保养

① 保养方法是对设备进行内部清洁、润滑、局部解体检查修理。

② 负责保养的人员是以维修工人为主，机器设备的操作工人为辅。

③ 保养时间按一班制计算是一年进行一次或累计运转 2 500 小时后进行一次二级保养，停机时间为 32 小时。所以，二级保养也叫年保。

④ 二级保养的具体的保养工作包括：第一，根据设备使用情况对设备进行部分解体检查；第二，对各种传动箱、液压箱、冷却箱清洗、换油，油质和油量要符合要求，保证正常润滑；第三，修复和更换易损零件；第四，检修电器箱、电动机、整修线路；第五，检查、调整、恢复精度和校正水平。

每一次保养之后(不包括日常保养)要填写保养卡，并将保养卡装入设备档案中，同时要在设备登记卡一、二级保养记录上记录此次保养的日期和主要内容等。下面是一张设备保养记录卡，供休闲体育小镇工程部门参考。

表 7-1 一级保养记录卡

单位：

设备编号	设备名称	型号规格	保养定额	实际费用	停机时间
保养者		保养工人		保养日期	
保养内容	专业负责人：班长					
提请下次保养解决的问题					
验收意见			专业负责人：日期 工程部经理：日期		

2.建立计划保养制度

设备的计划保养制度是按照设备的使用说明书中所要求的维护保养项目和时间要求，科学地安排保养时间和内容，并将每次保养列入计划，落实到每个员工的工作日程上，一环扣一环，管理方法比较严谨，并与设备管理的其他方法一起，构成体育小镇设备管理的大系统。其管理方法主要有以下五个步骤：

(1)以设备说明书和使用手册为依据，建立每台设备的维护保养要求

在设备登记卡上，有一栏维护保养要求，每登记一台新设备，设备管理员就应在此栏写明该设备说明书中要求的每周、每月、每季、每半年的维护保养要求。如果是进口设备，则应及时将一部分文字翻译过来，作为日后制定保养计划的依据。

(2)利用日、周保养记录，落实日、周保养要求

设备维护保养要求中的每日和每周对设备的保养工作要由设备的使用部门承担。设备操作人员要把这项工作担负起来。但由于设备操作人员往往缺乏对设备保养要求的了解，缺乏坚持自觉保养的意识，所以对主要设备，管理部门要坚持

下发和收集该设备日、周保养记录，督促这两种保养工作的落实。

(3)根据设备保养需要，作出年保养计划

为了进一步落实设备的月、季、半年、一年的保养要求，首先要把它们纳入计划。因此，在制定年维护保养计划时，要根据设备登记卡中所要求的设备月、季、年保养要求，作出设备计划检修工作安排大表。并在表中标明计划检修的时间安排，检修后也要做出相应的记号，以便掌握情况。

(4)利用工作单落实计划检修工作

填写完设备计划检修工作安排大表只是做完了保养计划工作，因为此计划是按周安排保养工作的，落实每项保养工作要在每周针对表中所列项目，由设备管理员下达设备计划检修工作单。工作单中详细写明检修内容并有检修所用材料、工时和检修情况记录。在检修后，把工作单中的一份交还设备管理部门，另一份自己留底。

(5)使用计划检修工时费用统计表，计算计划检修所用工时和费用

休闲体育小镇可根据自己的需要，在每个月末进行计划检修工时费用统计。

统计时可以体育小镇所属部门为单位，一可了解各部门设备保养的好坏程度，二可为部门核算做好准备，三可与其他统计结果一起构成一致的统计结果。计划检修工时费用统计表设计如下：

表 7-2 设备计划检修工时费用统计表

周	第　周		第　周		第　周		第　周		月末统计	
项目设备名	工时	费用	工时	费用	工时	费用	工时	费用	工时	费用

3.设备的点检制度

(1)设备点检的含义和目的

设备点检是一种先进的设备维护管理方法，它是应用全面质量管理理论中关于质量管理点的基本思想，对影响设备正常运转的一些关键部位进行经常性检查

和重点控制的方法。所谓重点控制，第一，是调查研究重要部位的运行规律和状况，掌握其是否出现异常状况；第二，是实行管理的制度化和操作技术的规范化。这里所说的"点"就是预先规定的设备关键部位。"检"就是通过人的视觉、触觉及运用检测手段等进行调查。及时准确地获取设备部位的技术状况异状或劣化的信息，及早预防维修。

设备检点的目的是为了及时掌握故障隐患并及时消除，从而提高设备完好率和利用率，提高设备维修工作质量和节省各种费用，提高总体效益。

(2)设备点检方法的优越性

①使维修工作减少了盲目性和被动性，提高针对性和主动性。由于清楚地掌握了设备隐患和问题，使设备维护保养工作具有主动性，从而减少事故后抢修的工作量。

②设备点检的各个项目明确并且定量化，保证维修工作质量，培养技术人员的综合分析和判断问题的能力，提高了专业技术水平。

③制定严格的点检线路，使用规范化点检表，便于实行点检考核，增强责任感，提高工作效率。

④采用点检记录卡，积累设备的原始信息，有利于充实和完备设备技术档案，为设备信息的电脑化管理奠定基础。

(3)设备点检的分类方法

设备点检可有层次划分，例如对属于休闲体育小镇公共设备点检可划为"A级点检"，对属于部门点检可划分为"B级点检"，如此分清类型，便于管理。

在各级点检中，要根据设备运行和使用时间的间隔和规律，划分"日常点检""定期点检"和"专项点检"。

①日常点检：日常点检时间周期是每日进行，主要通过感官检查运行中的关键部位的声响、振动、温度、油压等，检查结果记录在点检卡中。

②定期点检：定期点检的时间周期长短按设备具体情况划分，有一周、半月、一月、数月不等。定期点检是凭感官并使用专用检测仪表工具对重点设备的劣化程度和性能状况，进行检查，查明设备缺陷和隐患，为中、大修方案提供依据。定期点检凭感官并使用专用检测仪表工具进行。

③专项点检：专项点检是使用专用仪器工具有针对性地对设备某特定项目在运行过程中状况进行检测。

④设备点检是技术性很强的工作，它要根据不同专业设备、不同工作条件区别不同情况进行。具体可分为以下几个步骤：

①确定设备检查点和点检路线

检查点应确定在设备的关键部位和薄弱环节上。设备是一个有机运行的整体，因此，确定检查点既要从整体上考虑，同时又要从环境因素考虑。在考虑整体和环境的基础上，要抓住"关键"和"薄弱"两个方面。检查点确定后要长期积累数据，因此，一经确定就不要轻易变动。检查点确定后要根据设备分布和类型等具体情况组成一条点检路线，明确点检前后顺序。

②确定检查点的点检项目和标准

检查点的检查项目的确定，既要考虑反映该点技术状况的若干要素，又要考虑点检人员获得这些信息所采用的方法和使用的工具。点检项目标准要根据设备的使用说明书等技术资料，结合以往的实际经验来制定，判定标准要尽可能地定量化，注明数量界限。

③确定点检的方法

点检的方法有：第一，运行中检查和停机检查；第二，停机解体检查，停机不解体检查；第三，凭感官和经验检查和使用仪表仪器检查等等。确定后的检查方法不能随点检人员自行改变。

④确定点检周期

检查点的点检周期要由技术人员、维修人员、运行人员和接待部门的有关人员共同研究确定，因为点检周期长短必须根据设备不同特点和运行时间，设备维修和操作人员的工作经验等因素进行综合考虑。初期可以拟定试行方案，然后在试行中不断总结和修订，最后才能确定既切合实际又保证质量的点检周期。

⑤制作点检卡

运用检查点和点检路线、检查项目、检查周期、检查方法、检查标准等内容编成点检表格，印制成点检卡以便点检时使用。点检卡是设备信息管理的重要原始资料，必须妥善保管。

⑥落实点检责任制

点检工作的成败关键在点检人员责任心和技术水平。所以，落实点检责任制，首先要选好、用好点检工作人员。然后要求点检工作人员按岗位职责进行工作。

第一，专职点检员的工作职责是负责管辖区内设备点检工作。

第二，制定设备点检卡。

第三，建立本辖区设备台账和点检资料档案。

第四，根据点检信息确定设备故障隐患和原因，提出修理意见，对单独可以解决的问题则动手做故障处理。

第五，编制辖区设备故障隐患检修计划，提出备件需要报告。

第六，参与大修计划制定和实施，并检查大修质量，记入点检卡。

第七，按岗位点检人员执行岗位责任制的好坏进行奖励与处罚。

⑦实施点检培训工作

点检培训既是提高点检人员基本素质的重要工作，又是体育小镇普及设备管理点检知识的有力措施。必须在体育小镇所有设备管理、操作和使用有关人员中开展这一培训。对点检专业人员培训的工作重点在于：培养他们的工作责任心和技术能力，明确自己的职责范围和工作内容；熟悉各种检测仪表的使用和操作原理以及发生故障的类型和原因；学习点检资料的填写、收集、分析、整理形成书面报告的文字能力和建立技术档案的基本功。

⑧建立和利用点检资料档案

点检人员完成检查工作后，建立资料档案和利用这些资料为修理提供决策依据，起到设备管理参谋的作用。更重要的任务是点检人员对检查信息记录要准确，简明，全面规范。要定期收集整理归档保存。然后分析研究点检资料，提出决策方案。对大型关键设备的技术分析，主管领导要亲自参加资料的分析和研究。

⑨点检工作的检查和考核

点检工作要产生实际效果，使之真正对设备预防、修理工作起到重大作用，就要加强领导，严格检查、考核，杜绝走形式的点检工作，彻底杜绝谎检、漏检、误检和空检的现象。不经检查谎填数据是谎检；按规定该检而没有检的是漏检；检查判断马虎不准确是误检；查出问题不解决是空检。对检查结果要定期评比，表彰点检工作责任心强,成绩大的有功人员,处罚出现"谎检,漏检,误检,空检"的人员。

7.2.3 现代休闲体育小镇设备和设施维护保养规范

1.维修人员的规范化管理

维修休闲体育设施设备的人员必须掌握现代技术和知识才能胜任本职工作,所以,必须提高维修人员的科学技术水平、工作自觉性和责任心。对维修人员的规范化管理,包括以下几个方面:

(1)加强对维修人员的技术培训,使他们学习和掌握设备的原理、结构、性能、使用、维护、修理以及技术安全等方面的理论和实践知识。

(2)运行操作人员经培训后要经过理论和操作考核合格后,由技术管理部门发给操作证方能上岗。

(3)加强维修人员的职业道德教育,维修人员的工作责任心和积极性是用好、管好设备的根本保证,要采取各种教育人和关心人的工作方法,促使员工树立敬业、乐业的精神。

2.对接待部门服务员的规范化管理

(1)休闲体育接待部门的服务员上岗前都必须接受常用设施设备的培训。培训内容包括设备结构、性能、操作和维护的一般知识,设备使用方法和注意事项,操作规程和礼节规范。培训合格要发给体育小镇承认的合格证并定期考核检查。

(2)制定有关设施设备的清洁、维护和报修程序职责,并要求服务人员严格按职责、程序工作。

3.设备设施使用的规章制度

设备设施使用的规章制度包括设备设施的运行操作规程、设备维护规程、运行操作人员岗位责任制、交接班制度和运行巡检制度等。

(1)设备运行操作规程一般包括以下内容:

①运行前的准备工作。

②开、停的操作顺序和安全注意事项。

③设备主要技术指标(电流、电压、压力等)和极限值范围。

④防止出现事故的措施和紧急情况的处理办法。

⑤常见故障及其处理办法。

(2)设备的维护规程的内容有：

①明确日常保养的内容、次数的标准。

②每班巡检的设备关键部位。

③巡检发现异常情况的处理办法。

(3)设备运行人员的岗位责任制包括：

①本岗位的工种名称和上岗资格(例如取得合格证)。

②本岗位的职责范围和处理问题的权力范围。

③本岗位的考核标准和考核办法。

④本岗位应知应会。

(4)设备运行的交接班制度：

①交接班的时间。

②交接班记录的合格要求和责任界限。

③交接班应移交清楚的工具附件。

4.设备设施环境的规范化要求

休闲体育小镇设备是现代化设备，对工作环境有一定的要求，做好这方面的规范化管理是文明管理和保证设备使用寿命的重要条件。作为社会精神文明窗口的休闲体育小镇，必须加强这方面的管理。

(1)因设备而异的要求，机房设计要充分考虑具体设备和具体要求。

(2)附件配套的要求，规划投资要考虑附属设备的配套投资，例如是否需要通风、空调、防震、防静电等条件，是否需要防火、报警、防盗等保安消防设施等。

(3)环境卫生的标准化要求，制定并推行机房环境的清洁标准和维护规程，将在其他章节中介绍。

5.设备管理的基本规范示例

(1)运行使用人员要做到"三好"

①管好：管理好设备以及设备附件、仪器仪表、安全防护装置，使之完好无

损。不擅离岗位，设备发生事故要及时上报。

②用好：严格执行操作规程，严禁超负荷运行，保持操作机构灵敏可靠。

③养好：严格按照设备保养规定，做好设备的日常保养和定期保养工作，班前、班后做好清洁、检查或必要的润滑调整修复工作，以保持性能良好。

(2)运行使用人员还要做到"四会"

①会使用：熟悉设备原理、结构、性能和使用范围，严格遵守操作规程。

②会保养：保持设备清洁，按日常保养要求精心保养，发现异常情况及时处理。

③会检查：熟悉设备开机前后和运行的检查项目内容。设备运行中要随时观察有无异常情况。

④会排除故障：能正确判断故障征兆和原因，掌握故障排除方法，对排除不了的疑难问题及时报检报修。

(3)服务人员要做到会"两介绍"

①向宾客介绍设备使用方法并给予示范。

②向宾客介绍使用设备安全注意事项并交代询问和联系方式。

(4)运行操作要遵循"五项纪律"

①凭操作证上岗操作设备。

②保持设备整洁，精心保养。

③严格履行交接班制度和操作规程。

④设备的附件、工具齐全无损。

⑤随时监察设备运行情况，发现故障应立即检查报告。

5.大型设备要做到"四定"

(1)定人操作运行。

(2)定人检查维修。

(3)定操作规程。

(4)定维护保养细则。

7.2.4 现代休闲体育小镇设备和设施的维护程序

现代休闲体育小镇设备维护保养分为日常维护、定期维护和区域维护，三者是互相依存，交叉进行的。日常维护是每天进行的，定期维护是在日常维护基础上进行的。

1. 日常维护

日常维护是经常化、制度化的对设备设施进行维护保养，是全部维护工作的基础。休闲体育小镇常用大型设备的日常维护的一般程序如下：

(1) 班前维护

①检查电源以及保证电气控制装置安全可靠，各操纵机构正常良好。

②保证安全保护装置齐全有效。

③擦拭设备，有运转滑动部件的应检查润滑情况。

④认真检查上一班次的交班记录，然后填写交班记录。

(2) 运行中维护

①严格按操作规程操作。

②集中精力工作，注意观察设备运转情况和仪器仪表情况，通过声音、气味观察有无异常情况。

③杜绝设备带病运转的现象，如有故障应停机检查并及时排除，做好故障排除记录。

(3) 班后维护

①保持设备清洁，工作场地整齐，场面无污迹垃圾。

②保证设备上的全部仪器仪表、传动机构、油路系统、冷却系统和安全保护系统完好无损、灵敏可靠、指示准确。

③非连班运行的设备，在完成保养后，设备应回复到非工作状态，切断电源。

④认真填写运行记录和交班记录。

2. 定期维护

定期维护是在日常维护基础上在规定的一段时间(时间长短根据不同设备而定)后对设备从更深层次上进行维护，以便消除事故隐患，减少设备磨损，保证设备长期正常运行。

定期维护的主要内容有：

(1)彻底清洁设备外表和内部，疏通管道、油路。

(2)拆卸、检查设备的规定保养部位。

(3)清除设备的电机、接触器、继电器等的灰尘油污，并保证他们接线完整无破损。

(4)润滑机械未动装置，坚固零件和调整机械间隙，必要时更换零件。

(5)对调整、小修、更换零件部件要逐一记录，对疑难和尚未解决的问题记录并上报技术主管人员，及时采取措施解决。

(6)由主管人员检查验收定期维护结果。

3.区域维护

休闲体育小镇设备除了大型公共设备之外还有一部分是分布在各个接待营业部门使用的。同时，各接待营业部门还有照明系统，音响系统、供排水系统的维护工作。如果以接待部门为依据划分设备维护区域，那么区域维护就是与接待部门划分的区域性设备维护组织方案相适应的一种维护方式。

(1)区域的划分和维护小组的编组原则

①区域的划分要以接待部门为界限，特别要对跨部门系统的责任界限给予详细说明，以防止故障出现后互相推卸责任。

②根据具体区域的设备种类的不同比例来分配不同工种，根据人员素质的特点，合理搭配，合理组合，并指派区域维护小组负责人。

(2)区域维护小组的工作职责

①区域维护小组在业务和行政上受工程技术部领导，负责区域内设备的维护、计划小修工作。小组工作指标(区域设备维修部分)的完成情况应接受区域部门的考核、评分。

②记录，整理和反馈责任区域设备维护状况的数据并形成表格。

③配合体育小镇设备大修的技术队伍完成设备大修工作。

(3)区域维护小组的工作内容

①每班要认真执行区域巡回检查和点检制度,科学安排巡检路线,当场做好记录。

②负责区域设备的电器、照明、管道、水暖设备和机械附属装置等的维护、修理。

③指导和督促接待部门的服务员做好客用设备的"四会""三好""两介绍"。

④及时处理责任区域内的故障并填写故障处理情况记录单。

⑤确保责任区域设备完好率不少于95%。

⑥对突发性故障的赴反应时间(接到通知到入现场时间)不大于3分钟。

⑦积极开展预防、维修活动,做好责任区域设备的普查、检测工作,通过对易损件故障分析找出本区域内易损件种类和损害发生规律,预备制作好成套的更换部件。

⑧客用设备故障现场处理必须使用成套的备用更换件,保证现场处理时间不大于15分钟,更换下来的损坏件必须在第二天修好备用。

7.3 现代休闲体育小镇设备和设施的修理

设备的修理是修复因正常或不正常原因而造成的设备的损坏部分,通过修理和更换已被磨损、腐蚀的零部件,使设备的效能得到恢复。修复的实质是设备物资磨损的补偿。

设备的修理和维护保养,是不能互相代替的两项工作,两者的工作内容不同。要达到的目的也不同,修理主要是修复和更换已经磨损或腐蚀的零部件,维护保养则是处理设备在运转过程中随时发生的技术状况的变化,如脏、松、润、缺。修理的目的是恢复设备的精度,保养的目的则是减少故障,延长使用时间。

在讨论设备的修理之前,先讨论一下设备磨损的规律。

7.3.1 休闲体育设备磨损的规律

设备的磨损有两种：一种是有形磨损(实体磨损)，反映设备使用价值降低和原始价值部分损失；另一种是无形磨损(精神磨损)，它是由于科技进步而不断出现性能完善、效率高的设备，使原有设备的价值降低或贬值。

设备使用过程中的磨损，可分为三个阶段：初期磨损阶段、正常磨损阶段和急剧磨损阶段。正常磨损阶段的磨损速度基本稳定，磨损值的增加较为缓慢。

这时在合理正确的使用条件下，设备容易保持最佳的技术状态，使用也最符合要求。

一般采取正常磨损阶段的终点即急剧磨损的起点作为合理磨损的极限，当设备达到这个极限之前，就要进行维修。一般来说，设备有形磨损的局部补偿是修理，设备无形磨损的局部补偿是现代化改装，两种磨损的完全补偿则是更新设备。

7.3.2 休闲体育设备修理的类别

设备的修理，在我国一直沿用着大修、中修、小修三个类别，每一类的修理工作量、更换和修复程序、精度要求及工作量比率，可以用表格表示如下：

表 7-3 设备修正工作内容表

项目	大修理	中修理	小修理
拆卸分解程度	设备全部拆卸分解	拆卸分解需要修理的部位	部分拆检零部件
更换与修复程度	修理基准件，更换可修复主要大型零件及所有不符合要求的零件	修理主要零件基准件，更换或修复部分不能使用至下次修理时的零件	清理积屑，调整零件间隙与相对位置，更换不能使用至下次修理时的零件
精度要求	恢复原有精度达到出厂标准或精度检验标准	主要精度达到工艺要求，个别精度难以恢复的延至下次大修中解决	对工件进行加工试验，达到工艺要求

续表

项目	大修理	中修理	小修理
喷漆要求	全部内外打完刮腻子、喷漆	喷漆或补漆	不进行
工作量比率约为	100%	56%	18%

7.3.3 休闲体育设备修理的方法

1.按照设备确定修理期的方法分

(1)标准修理法

又称强制修理法，这种方法是根据设备零件的使用寿命，在修理计划中明确规定修理日期、内容和工作量。经过规定的时间间隙，不管设备零件的实际磨损及设备运转情况如何，进行强制修理，零件也需强制更换，修理时，按事先拟定的标准工艺进行。

这种方法的优点是：便于在修理前做好充分的准备，组织工作简化，停歇时间短。缺点是需经常检测零件磨损情况，修理费用大。一般适用于必须严格保证安全运转和特别重要又必须严格保证安全的设备的修理，如：动力设备，高尔夫模拟设施等。随着先进检测手段的出现，这种方法有不断扩大的趋势。

(2)定期检查法

这种方法是根据设备实际使用情况，以及修理前的检查资料制定修理计划。

事先预定修理日期、主要修理内容及修理工作量，但允许根据设备的实际情况做适当的调整。

这种方法的优点是便于做好修理的准备工作，可以缩短修理时设备的停歇时间，又能合理利用零件的使用寿命，防止不合理的消耗修理费用。

目前我国维修工作基础较好的休闲体育小镇大多采用这种方法。它主要适用于一般性的设备修理，如空调机、洗衣机等。

(3)检查后修理法

这种方法是根据设备的零部件磨损资料，事先只规定设备检查总次数和时间，每次修理的具体时间、类别和内容均根据检查后的结果确定。

这种方法的优点是简单易行，缺点是容易影响修理前的准备工作，它主要适合安全系数较大而尚未完全掌握设备性能或对设备技术资料掌握不全时采用。

2.按组织修理的先后程序分

(1)部件修理法

即将需要修理的部件拆下来，换上事先准备好的部件。这种方法可以大大缩短修理设备停歇时间，但需要储存一定数量的部件用于周转，占用一些资金。

所以，这种方法只适用于那些具有大量同类型的设备以及关键设备。

(2)部分修理法

即将整个设备分成几个独立的部分，按顺序进行修理，每次只修理其中一部分。这种方法的优点是可以把修理工作量分散化整为零，利用假日或非生产时间进行，从而提高设备利用率，它适合于在构造上具有一系列独立部件的设备或修理时间比较长的设备。

(3)项目修理法

指为提高设备某个项目的性能，对影响该项目的有关零件进行调整、修理和更换。这种方法针对性强，适合在大型设备中使用。

(4)同步修理法

即将若干台在工艺上互相紧密联系，而又需要修理的设备，安排在同一时间内修理，实现修理同步化，以减少分散修理的停歇时间。这种方法常用于配套设备的修理。如模拟高尔夫球系统的各个部件就需要同步修理。

7.3.4 休闲体育设备修理计划的制订

设备修理制度是通过履行修理计划来落实的，因此，编制设备修理计划是一项重要的工作。

1.设备修理计划的内容

设备修理计划要确定休闲体育小镇计划期内需要修理的设备名称，修理的内容、时间、工时、停工天数、所需材料、备品配件及费用等。

2.编制设备修理计划的程序

设备修理计划的编制,按时间长短分,可分为年度、季度、月度计划,按维修类别划分可分为大修、中修、小修计划。现将年度、季度、月度修理计划的编制程序分述如下:

(1)年度计划

年度计划是设备管理部门全年修理工作的大纲,是考核修理工作的依据。

编制计划时需掌握的资料有:①体育小镇或休闲体育部全部主要设备的技术状况检查资料;②上年修理计划执行情况;③本年度预计接待人数;④设备修理记录和设备事故统计资料。年度计划由设备管理部门制定草案,经有关领导讨论,休闲体育小镇经理或酒店经理批准后实施。

(2)季度计划

①根据设备运转中存在的问题,对年度计划进行现实性、适应性研究,保留其中符合实际情况部分,适当调整其中不符合实际情况的部分。

②季度计划下达后,一般不再进行修改,应从各方面采取措施,落实修理时间,准备所需材料及备件。

(3)月度计划

①合理安排劳动力,编出作业进度,搞好劳动组织和劳动力安排。

②安排好修理前的准备工作。

3.编制修理计划的基本原则

(1)安排修理任务要先重点,后一般,保关键。

(2)安排进度时,要做好修理工作量与维修能力的平衡工作。

(3)安排维修任务时,要与体育小镇或部门的经营任务相结合,淡季多做,旺季少做。

(4)要在对设备状况记录资料和专门检查结果充分研究分析的基础上,确定修理日期和内容。

4.设备修理计划的实施

(1)充分做好修理前的技术准备工作,包括编制磨损的零部件明细表,拟定修理工艺规程等。

(2)做好备品配件的订货、制造、供应、储备等准备工作。

(3)采用各种方法,尽可能提高修理效率,保证修理质量,降低修理费用。

7.3.5 各种休闲体育设备修理记录表格的设计

每次设备的修理应做好修理记录,为日后设备使用和维护积累资料,每次修理记录可记入维修记录表,存入设备档案。设备修理记录表表样可以设计如下:

表 7-4 维修记录

年　月　日

设备编号		设备名称		故障日期	月　日　时
修理时间	时　　　分		停机时间	时　　　分	
故障现象					
故障原因					
处理方法					

设备修理统计表表样设计可以参照如下:

表 7-5 设备修理工时、费用统计表

日期	设备编号	设备名称	修理项目	停工工时	修理工时	材料费用	承修人
修理工时、费用小计							

填表人:

7.3.6 现代休闲体育小镇设备和设施的日常维修

休闲体育小镇最常见的修理是设备小修。休闲体育设备的修理主要采用服务员和工程部的检查与客人报修相结合的方法。"定单",就成了休闲体育小镇工程部或酒店工程部与其他部门相联系的工具。

1. 休闲体育设备的日常维修、报修定单

工作定单是维修工作的关键环节。定单的来源有三种:一是检查员对需修理设备所做的定单;二是从前台、行政办公室、健身房、游泳池、休闲体育部等各部门收集的整个休闲体育小镇设备的修理定单;三是客人提出的修理定单。

(1) 检查员填写的定单

检查员在对休闲体育设备进行日常检查后,发现设备损坏,就要编制或填写详细的修理定单一式两份,其中一份放在休闲体育部或休闲体育小镇中的有关部门,一份放行政办公室的维护修理箱中,工作部每天取定单数次,按单上所列项目进行修理并签字,而后交还休闲体育部或有关部门。检查员必须对修理质量进行鉴定后才算结束工作。

(2) 各部门填写的定单

如果是紧急修理,休闲体育部或各部门应立即通知前台,前台通过传真或派人将修理单送到维修部,由维修部修理好后,再用电话把消息反馈给前台或休闲体育部及有关部门。与此同时,前台须做维修记录,记载申请紧急维修的时间、申请人、报告维修部门的时间、接收报告的人,以及完成修理的准确时间。

休闲体育小镇各部门的预定修理程序应是:需要维修的各部门填写工作定单一式两份,其中一份自留,副本放入行政办公室的维修箱内。维修部门一天取定单数次,将定单按要求修理的项目进行分类,分出哪些是影响客人的,哪些是常规维修,哪些是预防维修。修理好后在副本上签字,随即将定单送还到申请维修的部门,该部门要检查维修的结果。

2. 休闲体育设备的报修方法

休闲体育设备的报修方法,一般是采用请修单制度。其使用程序如下:

1.请修单

(1)请修单的格式

为了便于外宾使用，请修单一般应有中英文对照。请修单的规格设计，大小尺寸一般为11厘米×9厘米，共三联，颜色各异。下面是一张请修单表样，休闲体育小镇工程部可以参考此表进行设计。

表7-6 请修单

TROUBLE REPORT NO:＿＿＿＿＿＿＿＿＿＿＿＿＿＿

请修部门　　日期

REPORTED BY :＿＿＿＿＿＿＿＿＿＿＿＿＿＿＿＿

DATE:＿＿＿＿＿＿＿＿＿＿＿＿＿＿＿＿

维修地点

LOCATION :＿＿＿＿＿＿＿＿＿＿＿＿＿＿＿＿

维修内容

TROUBLE :＿＿＿＿＿＿＿＿＿＿＿＿＿＿＿＿

部门主管签字

DEPT HEAD SIGNATURE :

委派计划工时

ASSIGNED TO:＿＿＿＿＿＿＿＿＿＿＿＿＿＿＿

TIME PLANNED:＿＿＿＿＿＿＿＿＿＿＿＿＿＿＿

实用工时　　完成日期

TIME SPENT:＿＿＿＿＿＿＿＿＿＿＿＿＿＿＿＿

DATE COMPLETED:＿＿＿＿＿＿＿＿＿＿＿＿＿＿

维修用料 MATERIALMENDED	数量 QUANTITY	价格 PRICE	小计 SU TMMARY

维修人签字　　　总计 TL：

wORKERS SIGNATURE：_____

请修部门验收签字

REPORTER，SSIGNATURE：_____

备注

REMARKS：_____

_____

(2)请修单的作用

①请修单是休闲体育小镇或酒店其他部门向工程部请修的凭证。

②请修单是维修人员进入休闲体育部或休闲体育小镇其他部门所辖区域的依据。

③逐日积累的请修单统计数字可作为工程部经济考核的依据。

④请修单可作为工程部对员工进行检查考核的依据。

(3)请修单的使用程序

请修单一般和派工板结合使用。其使用程序是：

①凡属休闲体育小镇或酒店休闲体育部的维修工作一律填写请修单，紧急情况，如火情、跑水、断电等，可电话通知，修补后补写请修单。

②请修单应由请修部门管理员以上职位的人员填写，并将第一联留底，第二、三联送工程部，并打上送达时间。

③值班工程师接单后，要在请修单登记册上将请修单编号、请修时间、维修内容进行第一次登记。

④登记后在请修单委派栏内填上所需工种员工的姓名，进行委派，将第二联送交维修工，第三联留底。

⑤员工接单后，持单到所需区域维修，完成维修后由部门验收签字，填上维修所用工时、材料及维修费用，请报修部门验收签字，然后将请修单交还值班工程师。

⑥员工如在维修过程中有困难，应在备注栏填明原因，交还值班工程师。

⑦值班工程师接单后，将已完成的请修单挂入派工板已完成这一栏内，将因故未完成的请修单视情况填写备件申请表，或重新委派其他工种，并在请修单登记册上进行第二次登记。

⑧需要申请备件的维修工作，应将请修单第二联附在备件申请单后面，一并送审后领取备件，并将请修单的第三联留在派工板的筹备件一栏中。

⑨如所需备件在本体育小镇或酒店仓库内没有，则需填写请购单。请采购部门协助采购解决。

⑩维修完成后，值班工程师在指定时间内将请修单呈报上级主管审查。

⑪上级主管将请修单第二联送回请修部门，请该部门与第一联核查，第三联工程部留底。

设备修理过程中，不可避免要进行配件的购买和备件储备。为了加强设备备件的管理也应该设计相应的表格进行科学管理。下面是一张备件申请单和一张请购单表样。休闲体育小镇工程部门可以参照这些表样进行自己的设计，当然要尽可能设计出自己的特色。

表 7-7 备件申请单

NO：_____

日期/时间	设备名称：	设备型号：
设备编号	备件名称/型号	数量：
故障原因： 维修人：		
呈交样品：	由库房存货领取口备件编号 须请购口	申请人：

申请人：表 7-8 请购单

供应商：_____ 国外：_____

地　址：_____ 国内：_____

日　期：_____ 部门：_____

品名	数量	摘要	单价	小计	货币
交货日期					
请购用途			总计		

其他报价（2）_____（3）_____

负责人签字：

总经理：_____ 财务总监：_____

采购部经理：_____ 主管部门：_____

(4)派工板

派工板专为工程部派工而设，派工板一般放在值班室旁边，它的作用主要是督促和检查请修单和工作单的完成情况。派工板的设计可以参考如下表样进行。

表 7-9 派工板

工种 / 完成情况	电工	空调	管道	建筑	球类	备注
待修理 正在修理						
已完成 未完成或等备件						

派工板的使用

①待处理。值班人员接到各部门送来的请修单或本部门填写好的设备计划检修工作单后，在单上打上时间和日期，按不同工种将请修单和工作单分派给各专业组，即将它们挂在板上"待修理"一栏不同专业组下边。

②正在修理。各专业负责人或修理人员从派工板上取下各自的请修单或工作单，将第三联放在"正在修理"格上，持第二联到故障地点或检修设备处进行修理。

③已完成。修理完毕后，修理人员填好单上要求填写的栏目，将第三联从"正在修理工"一栏取下，与第二联一起，挂在"已完成"格上。

④未完成或等备件。未完成的请修单或工作单，不管是什么原因，均要写明情况，把第三联挂在"未完成或等备件"一栏上，持第二联与备件申请单领取备件，或请购备件。

等备件到货后，或未完成的原因消除后，请修单或工作单位的第二联和第三联将重新挂到派工板的"待修理"栏中，重新另派给各工种。

参考文献

[1]马斌.特色小镇：浙江经济转型升级的大战略 [J].浙江社会科学，2016(3).

[2]郝华勇.特色小镇的区域差异辨析及欠发达地区打造特色小镇的路径探讨 [J].企业经济，2017(10).

[3]郑浩宇.后工业视角下浙江省特色小镇的特征分析与产生机制研究[D].杭州：浙江大学，2017.

[4]赵海洋.基于 SEM 的我国特色小镇项目社会效益评价研究 [D].济南：山东建筑大学，2017.

[5]赵小芸.旅游小城镇产业集群动态演化研究 [D].上海：复旦大学，2010.

[6]柯永建.中国 PPP 项目风险公平分担 [D].北京：清华大学，2010.

[7]韦福雷.特色小镇发展热潮中的冷思考 [J].开放导报，2016(12).